1973–1998
25 JAHRE

BAMBERG ■ ARBEITS-
GÖRLITZ ■ GEMEINSCHAFT
LÜBECK ■
MEISSEN ■ HISTORISCHER
REGENSBURG ■
STRALSUND ■ STÄDTE

Historische Altstädte im ausgehenden 20. Jahrhundert

Strategien zur Erhaltung und Entwicklung

Sonderveröffentlichung zum 25jährigen Bestehen der Arbeitsgemeinschaft Historischer Städte

© 1999 Arbeitsgemeinschaft Historischer Städte
Alle Rechte vorbehalten. All rights reserved.
Sämtliche Bildrechte liegen bei den jeweiligen Autoren.
Gesamtherstellung: MIKADO, Lübeck
Printed in Germany
ISBN 3-00-004042-0

Inhalt

BAMBERG ■ ARBEITS-
GÖRLITZ ■ GEMEINSCHAFT
LÜBECK ■
MEISSEN ■ HISTORISCHER
REGENSBURG ■
STRALSUND ■ STÄDTE

ALTSTADT, IDENTITÄT UND KULTUR ■ OTTMAR STRAUSS
**Die gesellschaftliche Bedeutung
historischer Altstädte für Stadt und Region**
Das Beispiel Bamberg 6

ALTSTADT UND WOHNEN ■ JÖRG-PETER THOMS, OSWALD MÜLLER
**Die Bedeutung der Wohnfunktion
für die Erhaltung historischer Altstädte**
Das Beispiel Görlitz 19

ALTSTADT UND STÄDTEBAULICHES LEITBILD ■ VOLKER ZAHN
**Städtebauliche Leitbilder und Schlüsselprojekte
für die Erhaltung und Entwicklung historischer Altstädte**
Das Beispiel Lübeck 25

ALTSTADT UND ALTSTADTRAND ■ STEFFEN WACKWITZ
**Die Entwicklung von Altstadt-Randbereichen
als Beitrag zur Erhaltung historischer Altstädte**
Das Beispiel Meißen 43

ALTSTADT, HANDEL UND GEWERBE ■ ARMIN MAYR
**Entwicklung von Dienstleistung, Handel und Gewerbe
in historischen Altstädten**
Das Beispiel Regensburg 52

ALTSTADT, FUNKTION, VERLUST UND ENTWICKLUNG ■ CARSTEN ZILLICH
**Funktionsverlust und Funktionsentwicklung
historischer Altstädte**
Das Beispiel Stralsund 61

Reden anläßlich des Festaktes in Meißen am 16. Oktober 1998
Einführung von Prof. Dr. Gottfried Kiesow, Präsident Deutsche Stiftung Denkmalschutz 74
Festrede des Sächsischen Staatsministers des Innern, Klaus Hardraht 82
Laudatio von Prof. Dr. Georg Mörsch, ETH Zürich 87

Vorwort

Dr. Thomas Pohlack ■ OBERBÜRGERMEISTER DER STADT MEISSEN, SPRECHER DER ARBEITSGEMEINSCHAFT

Sehr geehrte Damen und Herren, liebe Leser,

vor mehr als 25 Jahren gründete sich die Arbeitsgemeinschaft Historischer Städte. Ihr gehörten zunächst Bamberg, Lübeck und Regensburg, kurz auch BALÜRE genannt, an. Anliegen der Arbeitsgemeinschaft waren der dauerhafte Dialog und Erfahrungsaustausch bei der Bewältigung der Stadtsanierung und die stetige Unterstützung der Städte mit Hilfe der Städtebauförderung. Das Ziel bestand in der Erneuerung der historischen Kerne. Um den Prozeß der Sanierung und Erneuerung voranzutreiben, bestand immer wieder die Notwendigkeit, Politik, Wirtschaft und die Bürgerschaft für diese Anliegen zu interessieren und zu gewinnen. Ein Zeichen für die Bemühungen war die Auszeichnung der ARGE mit der Konrad-Adenauer-Medaille.

Im Jahre 1991 erweiterten die Städte Görlitz, Meißen und Stralsund die Arbeitsgemeinschaft. Seither ist dies ein bedeutender Beitrag zur Verständigung zwischen Ost und West. Heute können wir gerade im Osten wieder hoffnungsvoll nach vorn schauen, denn in den letzten Jahren sind mit Hilfe und dank der Städtebauförderung und der vielfältigen materiellen und ideellen Hilfen die von Verfall und Abriß gekennzeichneten, hochwertigen Altstadtbereiche wieder zu neuem Leben erwacht.

Die Arbeitgemeinschaft Historischer Städte will in diesem Buch die Unterschiede und spezifischen Details der einzelnen Städte mit jeweils einem Aspekt darlegen. Insgesamt jedoch kann man die Thesen gleichsam auf alle Städte übertragen. Im Mittelpunkt steht die historische Stadt, die einerseits gesetzlich geschützt wird, sich aber andererseits den Bedürfnissen unserer Zeit anpassen soll. Dies ist ein Spannungsfeld, eine fortwährende Diskussion. Nachhaltigkeit in der Stadtentwicklung haben diese Städte schon über viele Jahrhunderte bewiesen.

Ich danke den Autoren, den unermüdlichen Redakteuren, die sich um das Gelingen dieses Buches verdient gemacht haben, ebenso meinen Amtskollegen aus den Städten, die in hervorragender Weise die Herausgabe des Buches unterstützt haben. Besonderen Dank möchte ich an dieser Stelle Herrn Bausenator Dr.-Ing. Volker Zahn aus Lübeck und Herrn Dipl.-Ing. Steffen Wackwitz aus Meißen für ihren persönlichen Einsatz zum Gelingen des Buches aussprechen.

Die gesellschaftliche Bedeutung historischer Altstädte für Stadt und Region

Das Beispiel Bamberg ■ OTTMAR STRAUSS

Die Bamberger Altstadt

1.0 Strukturen der historischen Stadt

Wenn wir von der europäischen Stadt sprechen, so sind in unserem Bewußtsein die Phasen ihres geschichtlichen Werdens stets gegenwärtig: von der griechischen Polis über Römerstädte wie Trier und Augsburg zu den freien Reichsstädten des Mittelalters und zu den beschaulichen Biedermeierstädten des frühen 19. Jahrhunderts – ein überreichtes Erbe baulicher wie gesellschaftlicher Prägungen.

Aber in den Städten des 20. Jahrhunderts wurde dieses Erbe zwangsläufig mehr und mehr an den Rand gedrängt oder ging teilweise sogar unter dem Ansturm der neuen Wirtschaftskräfte unter. Nur dort, wo Industrialisierung und Bevölkerungswachstum weniger stürmisch verliefen, blieb noch vieles von Gestalt und Struktur der vorindustriellen Stadt erhalten. So ist es die historisch geprägte Stadt, wie zum Beispiel Bamberg, die in besonderer Weise jene Kontinuität des Städtewesens sichtbar macht, das in einer sich wandelnden Welt Orientierungsmarken setzen kann.

Das Wesen der historisch geprägten Stadt Bamberg ist gekennzeichnet durch ihre Kernbereiche, deren Lebensfähigkeit alle auf sie einwirkenden Spannungen und den ständigen Funktionswandel getragen haben. Ihre kleinteilige Struktur hat dazu beigetragen, soziale Probleme stadtverträglich zu lösen.

Das geringere Wachstum der Stadt hat auch außerhalb der historischen Stadt nicht zu großflächigen, monofunktionalen Stadtbereichen geführt, wie wir sie aus Großstädten kennen. Für den Zuwachs wurde die vorhandene Struktur nicht aufgegeben. Langfristige Bindekraft blieb so erhalten. Die Stadt Bamberg stellt sich heute als gemischte und differenziert organisierte Stadtsubstanz dar.

Ihre vorhandene Bausubstanz wurde erhalten und neu genutzt. Die Stadterweiterungen haben nie ihren Bezug zum Zentrum verloren. Die Urbanisierung von neuen Flächen erfolgte nicht nur unter quantitativen Gesichtspunkten. Die räumliche Funktionstrennung in Wohnen und Gewerbe ist in Bamberg stadtverträglicher ausgeführt worden als in Großstädten.

Der Grundbaustein der Stadt Bamberg und anderer historischer Städte ist die Parzelle. Ihr Erhalt ist untrennbar mit der Erreichbarkeit und Unverwechselbarkeit der Stadt verbunden. Eindrucksvoll zeigen dies nach der Zerstörung im Zweiten Weltkrieg in ihrer Parzellenstruktur wieder aufgebaute Städte (z. B. Würzburg und Nürnberg). Sie ist das System einer rationalen, städtischen Ordnung, nicht nur ästhetischer, sondern auch ökonomischer Natur. Sie gibt Spielräume an, in denen sich die Beteiligten frei bewegen können. In ihrem Stadtzentrum sind die städtischen Funktionen gebündelt.

Die historische Stadt ist durch wahrnehmbare räumliche Grenzen gekennzeichnet. Sie sind unverzichtbar für ihre Identität. Die räumliche Enge mit all ihren Problemen ist für die Bewohner auch Erlebnis.

Die Stadtsanierung, finanziell gefördert durch die öffentliche Hand, hat nicht nur die Funktionsfähigkeit der Stadt erhalten, sondern auch im Stadtbürger ein neues Verständnis für seine Stadt geweckt. Die Identifikation des Bürgers mit seiner Stadt ist gewachsen, er setzt sich für sie ein und nimmt an ihrer Entwicklung aktiv teil.

Die sanierten Stadtquartiere beweisen, daß Dichte und Enge sich mit gesunden Wohn- und Arbeitsbedingungen vereinbaren lassen. Zudem kommt der Wandel vom produktionsbetonten zum dienstleistungsorientierten Schwerpunkt der Wirtschaft, der Kombination von Wohnen und Arbeit entgegen.

Ein weiteres Kennzeichen der historisch gewachsenen Stadt ist ihr öffentlich zugänglicher Raum. Das Gefüge der Straßen und Plätze ist so einfach wie umfassend. Sie sind bis heute ein multifunktionaler Raum, den sich die Bürger gesellschaftlich aneignen. Die Realität zeigt allerdings heute durch periphere Entwicklungen eine soziale Entmischung und damit automatisch die Rücknahme von Öffentlichkeit.

Die Bürger haben das unverwechselbare Bild ihrer Stadt in sich aufgenommen. Es sind nicht die einander zum Verwechseln ähnlichen Stadterweiterungen für Wohnen, Einkaufen und Freizeit. Es ist der über Jahrhunderte entstandene

Wohnnutzung in der Innenstadt

historische Teil der Stadt, der diese Identität schafft und seine Bewohner prägt. Der Bürger wird zum identitätsbehauptenden Stadtbewohner und Nutzer, der sich für seine Stadt einsetzt. Bewahrung der Stadtgestalt und begründete Veränderungen werden von ihm gleichermaßen akzeptiert.

Stadtwachstum vollzieht sich in unseren Städten oft als Umnutzung im Innenbereich. Oft ist dies ein Verdichtungswachstum ohne Flächenmehrverbrauch. Dies ist unter ökologischen Aspekten vorteilhaft. Nutzungsvielfalt und Nutzungsschichtung bilden ihre besondere Qualität.

2.0 Stadt und Kultur

Die Stadt der Zukunft setzt auch eine Zukunft der Kultur in der Stadt voraus. Für die Bürger gibt Kultur auch in Umbruchzeiten Heimat und Identität. Die Verbundenheit der Bürger mit ihrer Stadt ist ebenso eine über lange Jahre gewachsene innere Beziehung, die vielfältige Ausdrücke im Leben der Bürger haben kann. In historischen Städten ist dieser Prozeß über Jahrhunderte nachvollziehbar in der Stadtgeschichte ablesbar.

Umnutzung einer Brauerei zur Wohnnutzung als Beitrag zur nachhaltigen Stadtentwicklung

Kultur war deshalb schon immer im Zentrum von Stadtentwicklung.

Nicht nur städtebauliche, verkehr-, wohnungs- oder wirtschaftliche Strategien gestalten eine Stadt. Die Lebendigkeit der historischen Stadt beruht auch auf der Vielgestaltigkeit ihres kulturellen Lebens, das von Bürgerinnen und Bürgern getragen und politisch verantwortet wird. Erst die Verbindung aller dieser Leistungen und Eigenschaften mit der unverwechselbaren Stadtgestalt ergibt diesen hohen Identifikationsgrad mit der Stadt.

Diese Identität ist keine einheitliche, sondern besteht aus vielen Identitäten, so wie sich die Stadt aus unterschiedlichen Menschen und Bevölkerungsgruppen zusammensetzt. Diese Gruppen haben unterschiedliche Fähigkeiten, Bedürfnisse und Ansprüche. In ihrer Summe tragen sie ebenfalls zur unverwechselbaren Stadtgestalt ihrer Zeit bei.

Diese Vielfalt, der Facettenreichtum, spiegelt sich auch in der Vielfalt des kulturellen Lebens in der Stadt wider. Die Anziehungskraft der Stadt hängt davon ab, ob sie ihren unterschiedlichen Gruppen eine Beteiligung am kulturellen Leben bietet und auch Auswärtige darauf neugierig macht, deshalb die Stadt zu besuchen oder in der Stadt auf Dauer zu bleiben.

Die Veränderung der Gesellschaft bleibt nicht ohne Folgen für die Stadtentwicklung. Da die Berufsarbeitszeit nicht mehr allein die Stadt bestimmt und schnell wechselnde Berufstätigkeiten eine größere Mobilität verlangen, stellt sich für die Bürger die Frage nach den wirklichen Lebenszielen und dem Raum für diese unterschiedlichen Lebensphasen. Auf die Frage nach dem Ort, wo die Identität mit der Gegenwart und auch mit der „Stadt der Zukunft" zu finden sei, wird es gewiß Verweise auf viele Orte geben können. Entscheidend wird dabei allerdings die Bereitschaft der Stadt sein, den Ort oder den Raum zu schaffen, wo Bürger aktiv am Stadtleben teilnehmen oder selbst mit eigenen Aktionen wirksam werden.

Hier übernimmt die Stadt auch eine wichtige Funktion für die Region. Sind doch viele Bürger aus unterschiedlichen Gründen von der Stadt ins Umland gezogen, fühlen sich aber immer noch als Bürger der Stadt. Sie nehmen aktiv am Stadtleben teil, d.h., sie haben das Gefühl der Zugehörigkeit zur Stadt und ihre Identifikation mit ihr durch den Fortzug nicht verloren. Weiterhin nützen sie alle Angebote der Stadt.

Auch in dieser sich ständig verändernden demokratischen Gesellschaft wird die kulturelle Dimension vorwiegend in der Stadt entfaltet. Das kulturelle Leben der Stadt ist somit ein lebensnotwendiger Beitrag zur Modernisierungs- und Erneuerungsfähigkeit der Stadt. Kultur hilft auch, dem Prozeß der Entstädterung entgegenzuwirken.

Bamberg gilt zurecht als Barockstadt, seine Anlage und städtebauliche Gestalt sind mittelalterlich, nur barock überformt. Eine spätmittelalterliche Stadtmauer, mit Zinnen und Türmen, die die Ausdehnung der Stadt behindert hätte, hat Bamberg nie gehabt. In Bamberg sind die Mauern der Ausdehnung der Stadt gefolgt und haben sie so nie eingeschnürt. Es kam nie zu einem strategisch entworfenen Festungsring. Das ist auch der Grund, warum Bamberg den Charakter seiner Gründungszeit bewahrt hat.

In der gesamten Geschichte der Stadt Bamberg ist Kultur immer auch an Bauwerken festgemacht worden. Viele Besucher Bambergs kommen des Domes und seiner Skulpturen wegen oder gar nur, um den Domreiter zu sehen. Die Domskulptur repräsentiert eine Blütezeit des Bamberger Kunstschaffens. Es sind damals die modernsten deutschen Skulpturen geschaffen worden. Die französische Gotik stand hier Vorbild. Der mittelalterliche Domberg war das geistliche Zentrum, der Sitz der politischen Macht. Erst im 18. Jahrhundert haben ihn städtebauliche Ideen zum Endpunkt der barocken Stadtachse gemacht.

Das Alte Rathaus ist in Bamberg das beliebteste Foto- und Ansichtskartenmotiv. Es steht auf festen Fundamenten in der Regnitz und ist nur über eine Steinbrücke erreichbar. Durch seine Lage werden auch die damaligen politischen Verhältnisse dokumentiert. Die reicheren Bürger und die Kaufleute versuchten, sich aus der Macht ihres Stadtherren, des Bischofs und des Domkapitels zu lösen. Die Lage im Fluß ist ein zu Stein gewordener politischer Kompromiß.

Ehemaliges Benediktinerkloster St. Michael mit dazugehörigem Garten

Dom, Alte Hofhaltung und Neue Residenz, Ende der barocken Achse

Ein weiterer Höhepunkt der kulturellen Blüte begann um 1690 und ist untrennbar mit Lothar Franz von Schönborn verbunden, der 1693 zum Bischof gewählt wurde und seinem Neffen, Friedrich Karl von Schönborn, der ihm auf dem Bischofsstuhl nachfolgte.

Zu Beginn der Schönbornherrschaft war das städtebauliche Bild der Stadt Bamberg durch locker verbundene mittelalterliche Zentren geprägt. Sie entsprach somit nicht den Vorstellungen einer Residenzstadt eines absolutistischen Fürsten zu Beginn des 18. Jahrhunderts. Es wurde begonnen, die Stadt modernen städtebaulichen Vorstellungen anzupassen. Die kleinteilige Stadt- und Straßenanlage stand einem symmetrischen Idealplan einer Stadtanlage im Wege. Verwirklicht wurde eine behutsame Systematisierung der Stadtanlage. Das geschah durch die Verbindung der vorhandenen innerstädtischen Räume und die Schaffung von Blickbeziehungen innerhalb der Stadt und zur umgebenden Landschaft. So wurde die Idee einer barocken Achse vom Osten der Stadt bis zum Domplatz als Endpunkt umgesetzt. Endpunkt der Achse ist die Residenz als Monument der fürstlichen Selbstdarstellung.

In der gesamten Geschichte der Stadt Bamberg ist Kultur immer auch an Bauwerken festgemacht worden. Der boomende Städtetourismus zeigt das touristische Potential der Stadt. Die gesamte Entwicklung der Stadt ist am heutigen Stadtbild, an der historischen Altstadt, an den Baudenkmälern und den Fassaden der Bürgerhäuser erlebnisnah und einprägsam nachvollziehbar. Weitere kulturelle Aktivitäten aus neuerer Zeit mit ihren Bauwerken runden das Gesamtangebot ab.

3.0 Schlüsselprojekte für Identität und Kultur in der Altstadt

3.1 Otto-Friedrich-Universität

Die Universität Bamberg, 1972 als Gesamthochschule errichtet, stellt zwar dem Status nach eine Neugründung dar, sie führt jedoch Traditionen weiter, die bis ins 16. Jahrhundert zurückreichen.

Die wichtigste Entscheidung bei der Wiedergründung der Universität war, einen Großteil der Nutzungen im Altstadtbereich anzusiedeln. Damit hat der Ausbau der Otto-Friedrich-Universität einen großen Anteil an der Stadtsanierung in Bamberg. Die zentrale Lage in der Innenstadt hat es ermöglicht, viele Gebäude in das Nutzungskonzept aufzunehmen und in den Universitätsbetrieb zu integrieren. Damit ist dauerhaft der Erhalt gesichert und zusätzlich geht eine große Belebung der Innenstadt einher.

Weitere Bedeutung im Stadtgefüge haben die Wohnungen für die Studenten. Mit diesem Wohnungsbedarf sind wichtige historische Gebäude saniert und erhalten worden. Auch im Bereich des privaten Bauens sind Wohnungen für Studenten geschaffen worden. Die Universität in der Innenstadt zeichnet sich auch als eine Universität der kurzen Wege aus. Zusätzlicher Fahrverkehr wurde damit kaum ausgelöst. Der überwiegende Anteil der notwendigen Mobilität wird mit dem Fahrrad oder zu Fuß abgewickelt.

Die Universität in der Innenstadt anzusiedeln war damals sicher eine mutige Entscheidung,

Stadtgrundriß mit den Gebäuden der Universität

waren doch alle Probleme nicht im Vorgriff lösbar. Der Erwerb der notwendigen Gebäude, der höhere Finanzbedarf durch Sanierung und Verteilung auf viele Gebäude der Innenstadt, um nur einige wenige anzusprechen. Die Universität ist ein Bestandteil der Stadt und aus dem Stadtleben nicht mehr wegzudenken. Die positiven Auswirkungen lassen sich in allen Bereichen des städtischen Lebens erkennen. Die Universität ist ein Teil der Stadt.

Die Universität ist für 3.500 Studenten ausgelegt, derzeit beträgt die Zahl der Studierenden jedoch 8.050. Das entspricht einer Überlast von 150 %. Die Studierenden bilden auch einen nicht zu unterschätzenden Faktor für das kulturelle Leben der Stadt. Von ihnen gehen viele private Initiativen im kulturellen Bereich aus. Die Universität selbst ist mit ihren öffentlichen Veranstaltungen aus dem Kulturleben nicht mehr wegzudenken. In Zusammenarbeit mit der Stadt und dem Fränkischen Tag werden in regelmäßigem jährlichen Abstand die Hegelwochen durchgeführt.

„Philosophieren als der gemeinsame Versuch freier Bürgerinnen und Bürger, im gemeinsamen Gespräch, das wir sind, sich in ihrer Welt neu zu begreifen – dies war und ist die Zielsetzung der Bamberger Hegelwochen." (Walther Ch. Zimmerli in seinen Eröffnungsworten zu den 7. Bamberger Hegelwochen 1996). Diesen Leitspruch kann man ebenso auf Kultur und Identität anwenden. Ohne gemeinsames Gespräch sind alle unsere Anstrengungen zum Scheitern verurteilt.

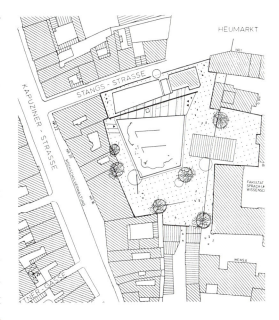

Lageplanausschnitt mit geplantem Bibliotheksneubau

3.2 Konzert- und Kongreßhalle

Die Notwendigkeit, den Bamberger Symphonikern eine angemessene Heimstatt zu bieten, war in der Stadt unumstritten. Ebenso war es stets ein von den Bürgern als schmerzlich empfundenes Manko, daß Bamberg keine Stadthalle besaß. Im Dezember 1980 hat der Stadtrat beschlossen, einen städtebaulichen Wettbewerb für ein Konzert- und Kongreßzentrum durchzuführen. Im März 1988 wurde die überarbeitete Planung des Hallenprojekts durch den Stadtrat gebilligt.

Der Kongreßbereich wurde aus Kostengründen in einen zweiten Bauabschnitt verwiesen. Unter Beibehaltung des architektonischen Grundkonzeptes des Wettbewerbsentwurfes, großer und kleiner Saal mit umlaufenden, geschwungenem Foyerband sowie dem straffen, geradlinigen

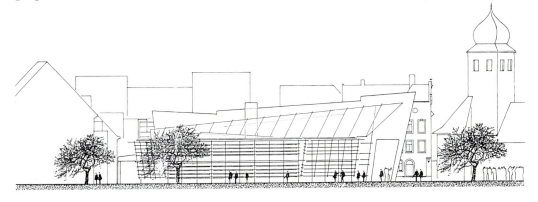

Fassade des Wettbewerbs-Neubaus der Bibliothek

Kongreß- und Konzerthalle

Arbeitsbereich der Bamberger Symphoniker, war eine finanzierbare Lösung gefunden worden, die sich, im Zentrum der Altstadt liegend, mit Blickbeziehungen zu den bedeutendsten Gebäuden und mit dem Bezug zum Flußlauf der Regnitz heute überzeugend darstellt.

Im Umfeld der Bamberger Symphoniker kam es im November 1977 zur Gründung des „Fördervereins Kultur- und Kongreßhalle", dessen Kürzel FKK – wohl wegen der innewohnenden Verwechslungsgefahr – schnell die Runde machte in der Stadt. Die Mitglieder des Fördervereins waren Symphoniker, Kollegen, Freunde, Kulturinteressenten und Bürger der Stadt aus allen Bereichen des öffentlichen Lebens.

Bereits 1980 wurde vom Verein eine erste Studie zur Halle herausgegeben, als Entscheidungshilfe für den Bamberger Stadtrat. Zwei weitere Denkschriften von 1986, die eine dokumentierte eindringlich die unzulänglichen Arbeitsbedingungen im Kulturraum, die andere, erstellt von der Bamberger Universität, war eine dickleibige finanz- und verwaltungstechnische Begutachtung der Halle, bezeugen die im Verein still geleistete Kärnersarbeit.

Hier wird deutlich, daß Bürgerengagement wichtig und notwendig ist, damit eine Stadt solche Großprojekte auch umsetzen kann. Durch die unterstützende Arbeit des Vereins wurde ein großer Konsens für das Projekt unter den Bürgern hergestellt. Notwendige politische Entscheidungen fanden somit breite Zustimmung in der Bevölkerung. Der Verein hat sich nach Fertigstellung der Konzert- und Kongreßhalle mit der Finanzierung und Aufstellung eines Kunstwerkes im Außenbereich wieder aufgelöst.

Der zweite Bauabschnitt, die Ergänzung der Konzert- und Kongreßhalle mit Hotel und Tagungs- und Ausstellungsräumen mit Gastronomie befindet sich derzeit in Realisierung. Auch hier ging ein städtebaulicher Ideen- und Realisierungswettbewerb mit städtebaulichem Umgriff voraus. Die gestellte Aufgabe, im Verbund mit der Konzert- und Kongreßhalle unterschiedliche Baukörper zu einer Gesamtkomposition zusammenzuführen unter Einbeziehung des vorhandenen Ziegelbaues, ein ehemaliges Industriegebäude. Das Hotel mit seinen ergänzenden Funktionen soll auch die Konzert- und Kongreßhalle in ihrer zentralen Funktion unterstützen und zum kulturellen und wirtschaftlichen Erfolg beitragen und auf Dauer sichern.

Bauen ist in einer Stadt wie Bamberg immer mit Kultur und Tradition verbunden. Die Gebäude der Stadt verhalten sich wie das Individuum zur Gesellschaft. Sie prägen in ihrer Eigenschaft das Ganze, von dem es seinerseits beeinflußt wird. Somit stehen sie im Kräfteverhältnis zwischen Selbstbehauptung und Einordnung. Seine Qualität liegt darin, beiden Interessen

Steg über die Regnitz

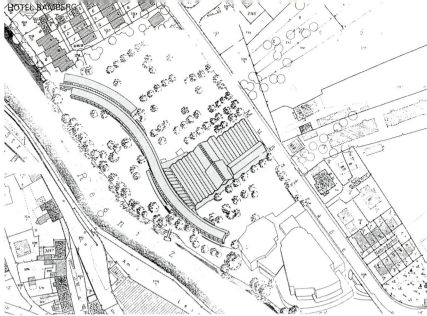

Modellfoto und Lageplan Wettbewerbsergebnis Hotel an KKH

gerecht zu werden, nämlich mit einer architektonisch und städtebaulich angemessenen Lösung. Wer in der Stadt baut, baut an der Stadt!

Bauen ist also mit einer kulturellen Verpflichtung gegenüber der Allgemeinheit verknüpft. Auch als Stadt des Weltkulturerbes ist Bamberg

mit dem städtebaulichen Umfeld auch eine neue Qualität der urbanen Umgebung. Hier wird eine Stadtentwicklung nach innen vorgenommen, die wieder kulturelle und wirtschaftliche Funktionen in die Stadt bringt und zu weiterer Stadtqualität und Stadterhaltung beiträgt.

Ziegelbau, Sanierung und zusätzliche Nutzungen für den Kongreßbetrieb

3.3 E.-T.-A.-Hoffmann-Theater

Das E.-T.-A.-Hoffmann-Theater ist in seiner Verbindung von Gasthaus, Ballhaus und Theater ein Monument des bürgerlichen Gesellschafts- und Kulturlebens der Stadt Bamberg zu Beginn des 19. Jahrhunderts. Auch hier stand das Engagement der Bürger für die Entstehung dieses Kulturschwerpunktes. Erbaut zwischen 1808 (Ballsaal und Theater), Neugestaltung des Zuschauerraumes 1862 im Stil der Neurenaissance. Im Jahre 1937 ging das Theater über in städtischen Besitz. 1953–1958 wurde es unter Beibehaltung des historischen Gesamtbildes instandgesetzt.

gefordert, seine Planungen und Projekte einer breiten Öffentlichkeit zur Diskussion aufzubereiten. Die Form des Wettbewerbes hier ermöglicht die Darstellung einer Planung im Vergleich. Bauen im historischen Kontext beinhaltet auch die städtebauliche und wirtschaftliche Bedeutung des Standortes. Anhand dieser Grundlagen ist das Ergebnis überprüfbar und nachvollziehbar.

An diesem Standort gewinnt die Stadt nicht nur ein neues Gebäude, sondern in Verbindung

Modellansicht vom Schillerplatz mit neuem Hauptzugang

Lageplanausschnitt, Stadtgrundriß mit Projekt

Modell der Gesamtanlage

Die Grundstücke, auf denen sich jetzt das Harmoniegebäude, das Theater und die Gaststätte „Theaterrose" befinden, erscheinen bereits auf dem Plan von Petrus Zweidler von 1602 als bebaut.

Das E.-T.-A.-Hoffmann-Theater ist in seinem räumlichen Zustand und seiner technischen Ausstattung soweit verbraucht, daß nur eine umfassende Neuordnung der Funktionen und daraus abgeleitet eine Sanierung den Spielbetrieb auf Dauer gewährleisten können. Die großen finanziellen Leistungen der Stadt werden vom Freistaat Bayern aus dem Kulturfond maßgeblich unterstützt. Weitere Zuschußgeber beteiligen sich an den Gesamtkosten mit erheblichen Beträgen. Ein auf privates Engagement zurückgehender Theaterverein unterstützt die Bemühungen der Stadt, zusätzliche Sponsoren für die Sanierung zu gewinnen.

Ein wichtiger Sanierungszweck ist, den gesamten Spielbetrieb zusammenzuführen, die derzeit noch provisorisch untergebrachte Studiobühne soll mit dem Haupthaus zusammengeführt werden. Das Theater ist als Einzeldenkmal nach dem Bayerischen Denkmalschutzgesetz in der Denkmalliste verzeichnet. Von Bedeutung ist hier besonders die historische Einheit als Gesellschaftszentrum, bestehend aus Theater, Harmoniesälen und Restaurant „Theaterrose" mit ihrer durchlässigen Verknüpfung.

Das Theater, mit seiner Eingangsseite am Schillerplatz gelegen, ist das historische Zentrum der Stadt. Zu dem Gesamtensemble gehört auch der Harmoniegarten, der zwar in die Gesamtsanierung mit eingebunden ist, aber weitestgehend von Bebauung verschont bleibt. Der Baumbestand bleibt somit erhalten und der Garten kann nach Abschluß aller Baumaßnahmen wieder seine gesellschaftlichen Funktionen übernehmen, er wird wieder den Bürgern zur Nutzung zurückgegeben.

Grundriß Erdgeschoß

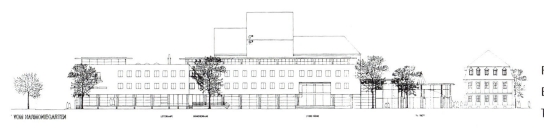

Fassade Projekt
E.-T.-A.-Hoffmann-
Theater

3.4 Villa Concordia – Internationales Künstlerhaus

Das Gebäude „Concordia" wurde 1715–1722 von Johann Dientzenhofer für Tobias Ignatz Böttinger erbaut. Dem Palais ist ein Terrassengarten stadtauswärts zugeordnet. Das Gebäude schließt die zu ihr führende Gasse mit kleinbürgerlichen Häusern ab. Die Zweiflügelanlage öffnet sich zum Garten, zum Fluß und zu den ehemals am Regnitzhang vorhandenen Hanggärten, die heute hinter einer Bewaldung verborgen sind. Die Anlage ist nach Lage und Ausstattung eine städtebauliche und baukünstlerische Kostbarkeit.

Der geheime Hofrat Böttinger, der ein bürgerlicher Diplomat war, hatte sich bereits 1707 - 1713 ein an ein adeliges Palais orientiertes Wohnhaus, das sogenannte „Böttingerhaus", gebaut. Die Errichtung des zweiten Gebäudes, der „Concordia", nach so kurzer Zeit ist nicht nur Zeugnis seines Reichtums, sondern kann auch als eine Korrektur der ersten Planung verstanden werden.

Bemerkenswert ist die klare Gliederung des Grundrisses mit den repräsentativen Räumen in Stadt- und Gartenflügel. Die Vorzüge der „Concordia" sind der uneinsehbare Garten, der Blick in den Garten und in die Flußlandschaft, die Anbindung des Hauses an zwei Terrassen des Gartens, eine klare Trennung des Repräsentierens und des Wirtschaftens.

Die Concordia-Gesellschaft nutzte das Palais von 1837–1935. Aus dieser Zeit stammen der Saal im zweiten Obergeschoß des Gartenflügels,

Villa Concordia vom Fluß aus gesehen, heutiger Zustand

Modell mit Neubau der Künstlerwohnungen im oberen Terrassengarten

eine Freibühne und die sogenannte Kegelbahn. Sie wird der neuen Nutzung, Künstlerappartement, weichen.

Mit der Bestimmung als Künstlerhaus erhält das Wasserschloß eine sinnvolle neue Nutzung. Diese kulturelle Zweckbestimmung wird eine große Anziehungs- und Ausstrahlungskraft für die Stadt haben. In dem Künstlerhaus werden zwölf Stipendiaten aus dem In- und Ausland leben und arbeiten. Im Rahmen ihrer Arbeit soll es zu einem regen Austausch zwischen Kunst und Bürger kommen.

Das Nutzungskonzept geht sehr sensibel auf den wertvollen Bestand des Gebäudes ein. Die Planung ist zurückhaltend und bescheiden und auch der Ersatzbau auf der oberen Gartenterrasse hat hohe architektonische Qualität.

Diese neue Nutzung, die ebenfalls aus dem bayerischen Kulturfond finanziert wird, gibt der Kulturstadt weitere Impulse. Die Auseinandersetzung der Bürger mit zeitgenössischer Kultur im Bereich von Literatur, Musik und Bildhauerei geben viele Anregungen für das ganze kulturelle Leben der Stadt und werden es bereichern.

3.5 Andechs-Meranier-Ausstellung

Die Andechs-Meranier-Ausstellung nutzt für Oberfranken ein 750 Jahre zurückliegendes Ereignis: Das Herrschaftsende des bedeutenden Fürstengeschlechts der Andechs-Meranier ist Grundlage einer umfassenden Schau zur Geschichte des Hochmittelalters. Im Mittelpunkt steht das hochbedeutende Bauwerk des Bamberger Doms - entstanden zur Zeit des Bischofs Ekbert von Andechs-Meranien. Somit war die Wahl Bambergs als Ausstellungsort in Oberfranken vorbestimmt und mit den auf dem Domberg angesiedelten Einrichtungen des Historischen Museums in der Alten Hofhaltung, der Staatsbibliothek in der Neuen Residenz und dem Diözesanmuseum im Kapitelhaus und Kreuzgang als Ausstellungsstätten geradezu prädestiniert.

Mit dieser Ausstellung, zahlreiches Besucherinteresse vorausgesetzt, wird Oberfranken als nördlichster Bezirk Bayerns die angestrebte Steigerung seiner Bedeutung und Stärkung des Kulturtourismus erzielen. Diese Ausstellung in Bamberg mit ihrer erwarteten Ausstrahlung in die Region greift ein Thema aus der Geschichte der

Stadt, ihres Umlandes auf und versucht, die überregionalen Zusammenhänge aufzuzeigen. Durch vertieftes Wissen über die Stadt und die Abschnitte ihrer Entwicklung wird auch für Verständnis für die heutige Stadt geworben.

Mit Urkunde vom 11. Dezember 1993 ist Bamberg in die Liste des Weltkultur- und Naturerbes der Menschheit aufgenommen worden. „Die Aufnahme dokumentiert nicht nur die Einzigartigkeit im Weltmaßstab, sondern begründet auch die Verpflichtung gegenüber der Völkergemeinschaft, sich für seine unverfälschte Erhaltung einzusetzen. Der besonderen Auszeichnung entspricht daher auch eine ebenso herausgehobene Verantwortung, die ständig große Anstrengungen erfordert und sich im Alltag bewähren muß." Tilmann Breuer in seinem Festvortrag am 15. April 1994 anläßlich der Übergabe der Urkunde.

Aus dieser Verpflichtung leiten sich Ziele zur dauerhaften Erhaltung des Weltkulturerbes ab. Sie werden durch städtebaulich-denkmalpflegerische Untersuchungen konkretisiert und in Rahmenplänen dargestellt. Es hat sich gezeigt, daß der grobe Rahmen, in Einzelziele aufgeteilt, ein Gesamtentwicklungskonzept darstellt, das die Grundlage allen planerischen Handelns ist.

Die Stadt Bamberg als nationales und internationales Kulturdenkmal braucht ein reiches kulturelles Leben, mit dem sich seine Bürger und die Bürger eines weiten Umlandes identifizieren können. Die Stadt ist nicht allein mit den Kategorien der Waren- und Konsumgesellschaft zu beschreiben. Die Bürger haben zu ihrer Stadt keine „Kundenbeziehung", sie ist auch mehr als ein Dienstleistungsunternehmen. Die Lebensgemeinschaft Stadt lebt vom Engagement der Bürger auf der Grundlage politischer und kultureller Partizipation und Mitgestaltung. Kultur ist deshalb vor allem auch eine Angelegenheit von Eigeninitiative und Selbstverantwortung. Es ist eine kulturpolitische Aufgabe der Stadt, die Breite und Mannigfaltigkeit des kulturellen Lebens und des spezifischen Profils der Stadt zu ermöglichen.

Diese Schlüsselprojekte, auch als Leuchtturmprojekte bezeichnet, haben eine große Ausstrahlung in das weitere städtische Umland. Hier werden alle Bürger des Einzugsbereiches eingeladen, an der städtischen Kultur teilzuhaben. Die touristische Weiterverbreitung dieses Angebotes entwickelt bei einer Stadt wie Bamberg eine große Anziehungskraft. Die steigenden Besuchszahlen im Tourismus zeigen es.

An allen oben aufgeführten Beispielen wird deutlich, daß zu allen Zeiten Stadtkultur ihren Ausdruck in baulichen Anlagen in der Stadt gefunden hat. In der Regel haben diese Gebäude einen hohen Denkmalwert im Gesamtgefüge der Stadt. Die neuen Gebäude aus unserer Zeit wer-

Titelbild Prospekt der Ausstellung

Panoramabild der Stadt

den sich diesen Anspruch erst in nächster Zukunft stellen müssen. Die spätere Zeit wird dann über Anspruch und Qualität zu urteilen haben. Unsere Aufgabe ist es jedoch, für die neue Aufgabe die höchst erreichbare Qualität zu liefern. Da sich architektonische und städtebauliche Qualität in der historischen Stadt immer am Bestand messen, ist das Wissen von der detaillierten historischen Entwicklung unumgänglich. Es gehört sozusagen zum Handwerkszeug einer verantwortlichen Stadtplanung. Erst dieses Detailwissen liefert uns die für alle nachvollziehbare Planung.

Hier ist auch der Ansatz der Beteiligung der Öffentlichkeit an dem Prozeß der Stadtentwicklung. Auch Städte, die in die Liste des Weltkulturerbes eingetragen sind, sind Veränderungen und Anpassungen ausgesetzt. Der Prozeß der Veränderung, mit Sorgfalt und höchster fachlicher Qualität, begründbar vorgetragen und aus der bestehenden Stadt abgeleitet, bildet die Grundlage mit dem Umgang der Stadt. Identität, vor allem mit neuen Planungskonzepten, kann nur erreicht werden, wenn diese Veränderungen von möglichst vielen Bürgern der Stadt mitgetragen werden. Eine andere Form der Beteiligung der Bürger am Erhalt und Weiterbau ihrer Stadt ist hier notwendig. Sie nennt sich legitimierte Planung.

Der Erhalt einer Stadt und ihre Weiterentwicklung ist nur mit dem Engagement der gesamten Bürgerschaft möglich. Kultur und die daraus abgeleitete Identität der Bürger mit ihrer Stadt ist ein wichtiger Teil, um das Ganze in gemeinsamer Anstrengung für die Zukunft zu sichern und unversehrt an die nächste Generation weiterzugeben.

Ottmar Strauß

Bamberg, im Juni 1998

Die Bedeutung der Wohnfunktion für die Erhaltung historischer Altstädte

Das Beispiel Görlitz ■ JÖRG-PETER THOMS, OSWALD MÜLLER

1.0 Einführung

Die kreisfreie Stadt Görlitz hat eine 927jährige Geschichte und wurde 1071 erstmalig urkundlich erwähnt. Die Stadt mit ihrer wechselhaften Geschichte, welche sich auch mit dem in ihr befindlichen Gebäudebestand nachweisen läßt, wurde nach dem Zweiten Weltkrieg eine geteilte Stadt. Ein Teil – Zgorzelec – (ca. 36.000 Einwohner) gehört seither zur Republik Polen.

Die Stadt Görlitz hat heute ca. 64.000 Einwohner mit nach wie vor sinkender Tendenz und befindet sich damit in einer ähnlichen Entwicklung, wie die meisten ostdeutschen Städte. Görlitz ist die östlichste Stadt der Bundesrepublik Deutschland. Der 15. Meridian, ausschlaggebend für die mitteleuropäische Zeit, verläuft durch die Stadt.

Die Entwicklung der Stadt nachdrücklich beeinflussend war ihre günstige geographische Lage an einem der ältesten und bedeutendsten europäischen Handelswege, der Via Regia (hohe Straße), eine der wichtigsten Voraussetzungen für Handel, Handwerk und Wohnen. Vor allem die Entwicklungsgeschichte des Wohnens läßt erkennen, daß die verschiedenen architektonisch gestalteten Hausformen stets in Abhängigkeit von den jeweiligen Umweltbedingungen entstanden. Kriterien waren u. a. die geographische Lage, das damit verbundene Bevölkerungswachstum und die jeweilige Wirtschaftsgesellschaft. Weitere Privilegien, wie das Stadtrecht 1303, das Münzrecht 1330, das Baurecht 1367 u. a., sorgten für eine zusätzliche Aufwertung.

Diese Entwicklung von wirtschaftlichem und politischem Aufschwung reichte bis in die Mitte des 16. Jahrhunderts. Dann wurde die mittlerweile wirtschaftlich und politisch mächtige Stadt Görlitz durch Entzug der Privilegien wieder der königlichen Gewalt untergeordnet. Die bis dato rasante Entwicklung der Stadt wurde beendet; die nachfolgenden Kriege trugen das ihrige dazu bei.

Zeugen der damaligen Baukunst, wie der Schönhof (ältestes datiertes deutsches Renaissancegebäude von Stadtbaumeister Wendel Roskopf d. Ä.) sind bis heute erhalten geblieben. In dieser Zeit hatte die Stadt, noch räumlich durch die Stadtmauer begrenzt, ohnehin die Funktionssicherung Wohnen, Arbeiten, Leben, auch aufgrund des Schutzbedürfnisses der Bürger. Beredtes Zeichen aus dieser Zeit ist das Görlitzer Hallenhaus. In ihm wurde die Funktion des Wohnens, des Arbeitens (Handel, Braurecht) und des Lebens auf engsten, aber doch großzügig gehaltenen Raumkubaturen gestaltet, was noch heute sichtbar ist.

Mit dem 19. Jahrhundert blühte Görlitz ein zweites Mal auf. Die Stadt Görlitz, 1815 inzwischen in Preußen integriert, vollzog eine wirtschaftliche und politische Entwicklung, welche sich u. a. an den Einwohnerzahlen verdeutlichen läßt. So wurden im Jahre 1800 ca. 8.000, im Jahre 1910 schon ca. 85.000 Einwohner ansässig. Wiederum war die günstige geographische Lage Grundlage für den Anschluß an das sächsische und preußische Eisenbahnnetz. Das unterstützte bzw. ermöglichte erst eine wirtschaftliche Entwicklung und zog eine Expansion auf hohem Niveau nach sich.

Mit der wirtschaftlichen Entwicklung, der Niederlassung von Pensionären und Rentiers, der

Schönhof

Daß diese Entwicklung städtebaulich geordnet ablief, wurde durch verschiedene, den Erfordernissen angepaßte Baustatute im 19. Jahrhundert möglich. Man kann davon ausgehen, daß Anfang des 20. Jahrhunderts Görlitz als eine der anmutigsten Städte Deutschlands galt.

Die Gründerzeit verstand es für die damaligen Verhältnisse hervorragend, die notwendige Flächenexpansion (Aufbruch der Stadtmauer u. a.) geordnet, das heißt Wohnen und Arbeiten auf engstem Raum bei trotzdem gutem Wohnumfeld, zu vollziehen.

Gründung von Warenhäusern, Einkaufspassagen (Straßburg-Passage) Anfang des 20. Jahrhunderts erhielt die Stadt ihr eigenes Flair. Der niedrige Baupreis, eine günstige Steuerpolitik, die damit verbundene Entwicklung gepflegter geschlossener Miethausfronten, vieler Gebäude für Kultur (Theater), Bildung und Handel wurden den Anforderungen und Ansprüchen einer gehobenen Lebensweise gerecht. Zu erwähnen ist, daß in dieser Zeit auch großzügig gestaltete Parkanlagen geschaffen wurden, die nun auch das notwendige Wohnumfeld verkörperten.

Nikolaivorstadt/Innenstadt-Nord

Postlatz

Die Entwicklung der Stadt Görlitz kann bis in die Mitte unseres Jahrhunderts als kompakte durchmischte Stadt charakterisiert werden – eine Stadt der kurzen Wege. Die Verlagerung ihres ehemals bestehenden Zentrums am Rathaus mit den Altstadtquartieren durch die Eisenbahnanbindung wurde durch das städtische Straßenbahnnetz kompensiert.

Vollständig erhaltene Wohnquartiere, darin integriert Handels-, Gewerbe- und sogar Industriestandorte dokumentieren die Baukunst vergangener Jahrhunderte (Gotik, Renaissance, Barock, Gründerzeit u. a.). Diese in Deutschland einmalige, heute noch anzutreffende Geschlossenheit zeigt deutlich, daß das Wohnen eine

Blick auf das Bahnhofsgelände

zentrale Funktion hatte und im Hinblick auf den Erhalt historischer Stadtteile auch heute hat.

Mit dem „Wohnungsbauprogramm der DDR" um 1960 sowie den teilweise drastisch veränderten Eigentumsverhältnissen an Grund und Boden sowie des Gebäudebestandes vollzog sich eine Wende in der Stadt Görlitz, wie in vielen ostdeutschen Städten in Bezug auf die Erhaltung der historischen Stadtkerne bzw. Stadtteile. Sie wurden teilweise leergewohnt, und man kam nicht umhin, dem amerikanischen Wissenschaftler Cohen zuzustimmen, der zu folgendem Ergebnis kommt: „Der Unterschied zwischen den Entwicklungsländern und den entwickelten Ländern besteht darin, daß sich die Slums in den Entwicklungsländern am Rande der Stadt, in den entwickelten Ländern in der Innenstadt befinden."

2.0 Wohnungsbausituation 1990

In der historischen Altstadt von Görlitz war somit 1990 ein Leerstand von ca. 50 % des Wohnungsbestandes zu verzeichnen. Das Durchschnittsalter der verbliebenen Einwohner stieg drastisch an. Mit dieser Entwicklung verbunden war der Niedergang von Handel und Gewerbe in der historischen Altstadt. Ein zunehmendes negatives Image baute sich auf. Die bis dato bestandene Nutzungsmischung ging gerade in

Langenstraße

Peterstraße
vor der Sanierung

den historischen Stadtteilen und insbesondere in der Altstadt verloren. Versuche, Wohnquartiere bzw. Teile davon in der Zeit von 1970 bis etwa Mitte der 80er Jahre zu sanieren, blieben aufgrund des fehlenden Finanzvolumens auf der Strecke. So wurden in der historischen Altstadt aufgrund vielfältiger Aktivitäten von Stadtplanern und Denkmalschützern wenigstens eine Vielzahl von Eckgebäuden instandgesetzt und zum Teil saniert. Damit konnten ganze Straßenzüge zumindest erhalten werden.

Peterstraße
nach der Sanierung

Nach der politischen Wende 1989 wurde eine tiefgründige Analyse erarbeitet. Das Ergebnis war teilweise niederschmetternd. Der wirtschaftliche Niedergang von ganzen Industriezweigen, die über Jahrhunderte Görlitz-typisch waren, wie zum Beispiel die Tuchindustrie, „produzierten" Industriebrachen mitten in den Wohnquartieren. Der Instandhaltungsstau, insbesondere in der historischen Altstadt, betrug teilweise 70 Jahre. Eine Vielzahl von Eigentumsverhältnissen war ungeklärt.

Mit der neugewonnenen Beweglichkeit der Bürger (der Autobestand nahm von 1989 = 180/Tausend Einwohner auf 430/Tausend Einwohner 1997 zu), den Handelsangeboten an der Peripherie der Stadt, d. h. insgesamt gesehen mit den sich entwickelnden anderen Komponenten von Lebensqualität und Zukunftsgestaltung der Bürger der Stadt, konfrontiert, mußten und müssen neue Wege beschritten werden, um diesen Anforderungen zu entsprechen. Das ist aber insofern schwer, da in der historischen Altstadt, aufgrund der Bausubstanz, der nicht bzw. geringfügig änderbaren Stadtteil- bzw. Quartierstruktur, die Gestaltung von Aufenthalts- und Wohnumfeldqualität gegenüber von mehr oder minder gestaltbaren Neubaustandorten eine scheinbar unlösbare Aufgabe ist.

3.0 Wege zur Wohnungserhaltung und Sanierung

Die Stadt entschloß sich, die eminent wichtige Wohnnutzung in der historischen Altstadt als eine Grundlage für die Revitalisierung als prioritär anzusehen. Die Vergangenheit der Entwicklung in der Stadt Görlitz, wie auch in vielen Städten Deutschlands, zeigt, daß das Wohnen eine Grundvoraussetzung für eine lebende und damit sich wirtschaftlich entwickelnde Altstadt ist. Mit dem Wohnen kamen Dienstleistungen, Handel und Kleingewerbe und damit Kommunikation in die historische Altstadt zurück.

In den daraufhin förmlich festgelegten Sanierungsgebieten, insbesondere der „historischen Altstadt", mußte zunächst auf die Sicherung der Bausubstanz besonderer Wert gelegt werden. Die nachfolgende Sanierung bzw. teilweise Modernisierung war nur möglich mit Unterstützung durch Förderprogramme der städtebaulichen Sanierung und des städtebaulichen Denkmalschutzes.

Mit diesen zur Verfügung stehenden Bundes-, Landes- und Stadtmitteln als „Anschubfinanzierung" konnten nach anfänglichem Zögern Hauseigentümer gewonnen werden, in die Sanierung einzusteigen. So konnte bis 1998 der Wohnungsleerstand in der historischen Altstadt sowie in den anderen Sanierungsgebieten gesenkt werden. Mit dieser Entwicklung ist zu verzeichnen, daß kleine Handelseinrichtungen (Blumenläden u. a.), Kleingewerbe (Kunsthandwerk) sowie Gaststätten sich in der historischen Altstadt niederlassen und somit die gewollte Funktionsmischung wiederbeleben.

Insgesamt scheint nicht nur in der Bundesrepublik, gerade nach der Habitat-II-Konferenz, ein Umdenken bezüglich der Entwicklung auch historischer Stadtteile bzw. Quartiere stattzufinden. Das Bauen im Bestand erhält einen höheren Stellenwert als bisher.

Kritisch anzumerken ist, daß einige Bund- und Länderprogramme immer noch den Neubau favorisieren (Eigentum für junge Familien u. a.). Um den Wettbewerb zwischen Neubau auf der grünen Wiese und dem Bauen im Bestand (sanieren, modernisieren, Schaffung von Wohneigentum) gerade in der historischen Altstadt umzukehren, bedarf es neuer Lösungsansätze, die die Lebensqualität erhöhen.

Das Wohnen und Wohnumfeld als Einheit im Sinne der Befriedigung der Grundbedürfnisse der Bürger zu betrachten, muß einer der Schwerpunkte sein. Im Klartext heißt das, daß eine grundlegende Reform in der Wohnungspolitik und der damit verbundenen Wohnungsbauförderung notwendig ist. Es werden flexiblere Instrumente benötigt, die es ermöglichen, die in der Vielzahl vorhandenen Förderprogramme entsprechend der vor Ort notwendigen Maßnahmen zu bündeln. Alt- und Neubau müssen gleichgestellt werden, eine Kumulierung mit Städtebaumitteln ist dringend erforderlich.

Im Sanierungsgebiet „historische Altstadt" wird zur Zeit eine modellhafte Innenquartiersgestaltung geplant und versucht, in Bauabschnitten zu realisieren. Sie hat das Ziel, das Wohnumfeld entscheidend zu verbessern. Daß das nicht so einfach zu verwirklichen ist, mußten wir insofern feststellen, daß die ange-

Brüderstraße 3

Karpfengrund 8
Straßen- und Hofseite

sprochenen Hauseigentümer mit ihren unterschiedlich zugeschnittenen Grundstücken davon überzeugt werden müssen. Jeder Hauseigentümer muß erkennen, daß es heute nicht nur um eine sanierte Wohnung zu annehmbaren Mietpreisen geht, sondern auch um das Wohnumfeld im Hinblick auf z. B. die Sicherheit von Kindern, die Möglichkeiten der Kommunikation und kurzzeitiger Erholung vom Alltagsstreß.

Ebenfalls wird es in den nächsten Jahren um die Verbesserung der Infrastruktur, insbesondere der Gestaltung von Straßen, Plätzen, der Anbindung an den ÖPNV sowie der Beleuchtung der historischen Altstadt in den Abend- und Nachtstunden gehen, die dem Sicherheitsbedürfnis der Bürger Rechnung trägt.

Die Stadt Görlitz hat mit ihrem Antrag zur Aufnahme in die Weltkulturerbeliste dokumentiert, daß sie gewillt ist, das kulturelle Erbe zu erhalten und zu beleben. Die Garantie dafür ist die Nutzung der Bausubstanz in einer möglichst durchmischten Form.

Wohnen, Arbeiten und Leben in der historischen Altstadt erhalten unter dem Gesichtspunkt sich verändernder Wirtschaft einen neuen Stellenwert. Daß der Weg zu einer kompakten, durchmischten Stadt ein langer Weg ist, ist eine der Erfahrungen, die die Stadt Görlitz in den letzten Jahren machen konnte.

Jörg-Peter Thoms, Oswald Müller
Görlitz, im Juni 1998

Städtebauliche Leitbilder und Schlüsselprojekte für die Erhaltung und Entwicklung historischer Altstädte

Das Beispiel Lübeck ■ VOLKER ZAHN

Leitbildentwicklung für ein mittelalterliches Stadtdenkmal

1.0 Städtebauliche Grundlagen und Entwicklungsziele

Ein Vierteljahrhundert nach Ende des Zweiten Weltkriegs setzte bundesweit eine Diskussion über den „richtigen" und bewußten Umgang mit dem historischen Bau- und Kulturerbe ein. Dies erfolgte vor dem Hintergrund der weitgehend abgeschlossenen Wiederaufbaumaßnahmen und einer damit verbundenen fachlichen Umorientierung der Stadtplanung.

Der gedankenlose Umgang mit und die vielfältige Zerstörung von denkmalgeschützter oder denkmalwürdiger Bausubstanz, die in den Nachkriegsjahrzehnten quasi zum Programm einer neuen Städtebauordnung erhoben wurden und die auch in der Lübecker Altstadt zur Zerstörung wertvoller Bausubstanz führte, wurde nun kritisch hinterfragt und zunehmend als falsch erachtet. Bundesweit wurde statt dessen der Erhalt und die Sanierung historischer Gebäude und Stadtquartiere propagiert und ein Ende der Flächensanierung gefordert.

Anfang der 70er Jahre begann diese Diskussion auch in der Hansestadt Lübeck. Zu diesem Zeitpunkt war das gesamtstädtische Leitbild der Lübecker Stadtentwicklung noch auf Wachstum und extensive Siedlungsflächeninanspruchnahme ausgerichtet, und die Altstadt wurde zunächst noch nicht als eigenständige Planungs- und Bauaufgabe erkannt.

Dennoch setzten das neue Städtebauförderungsgesetz, das Europäische Denkmalschutzjahr 1975, die Einstufung der Lübecker Altstadt zu einem „Stadtdenkmal" von europäischem Rang und die förmliche Festlegung der ersten Sanierungsgebiete in der Lübecker Altstadt sichtbare äußere Zeichen für einen auch in Lübeck beginnenden inneren Wertewandel in Gesellschaft und Politik und ein Umdenken in der Lübecker Stadtplanung.

Diese bundesweiten Entwicklungen nährten auch in der Hansestadt Lübeck die Zweifel am „Zeitgeist der Wiederaufbaujahrzehnte" und beeinflußten wesentlich die Leitbilddiskussion für die Altstadt. Die gesellschaftspolitische Diskussion in der Stadt befand sich von Anfang an in einem Spannungsfeld zwischen einem „wertkonservativen Traditionalismus" und einer „merkantilen Moderne". Gestritten wurde sowohl über das Ziel als auch über den richtigen Weg zur Erhaltung und Sanierung der Lübecker Altstadt. In fachlicher Hinsicht lassen sich zwei Aspekte hervorheben, die prägend für die Diskussionen waren:

1. die besondere städtebauliche und bauliche Struktur und die herausragende stadtbaugeschichtliche Bedeutung der Lübecker Altstadt und
2. die besondere funktionale Bedeutung der Lübecker Altstadt als das Handels-, Dienstleistungs- und Kulturzentrum für Umland und Region.

1.1 Städtebauliche und bauliche Strukturen der Altstadt

In städtebaulicher Hinsicht ist die Lübecker Altstadt durch einen klar gegliederten Stadt-

© Stuttgarter Luftbild, Elsäßer

Luftbild der Lübecker Altstadt

grundriß geprägt, der, sehr vereinfacht dargestellt, folgende Gesetzmäßigkeiten aufweist: Ein von Wasser umgebener Stadthügel mit Hauptstraßen (ehemalige Haupthandelswege), die in Nord-Süd-Richtung verlaufen, und zum Wasser hin abfallenden, in Ost-West-Richtung verlaufenden Rippenstraßen, den sogenannten „Gruben". Dieser im 12. Jahrhundert planmäßig angelegte Stadtgrundriß setzt sich aus einer teilweise extrem kleinteiligen Parzellenstruktur zusammen, die kennzeichnend für das städtebauliche Erscheinungsbild des von der UNESCO im Jahre 1987 in die Weltkulturerbeliste aufgenommenen Stadtdenkmals ist.

Die städtebauliche, bauliche und denkmalpflegerische Situation der etwa 150 Hektar großen und zu mehr als $2/3$ bebauten Altstadtinsel ist derzeit geprägt durch folgende Strukturen:

Grundstücke

Etwa 3.500, davon ca. 20 % kleiner als 100 m^2 und weitere ca. 20 % kleiner als 200 m^2

Gebäude und Wohnungen

Etwa 5.500 Gebäude mit etwa 7.500 Wohnungen, davon ca. 2.500 reine Wohngebäude

Baudenkmäler

Mehr als 4.000 Gebäude (etwa 80 %) sind besondere Baudenkmäler bzw. einfache Baudenkmäler mit erhaltenswerter Bausubstanz.

Einwohner

Etwa 14.000 Einwohner, entsprechend ca. 6–7 % der Gesamtbevölkerung

Altstadtstraßen

Die Gesamtlänge aller Straßen auf der Altstadtinsel beträgt ca. 27 Kilometer.

1.2 Nutzungsstruktur und funktionale Bedeutung der Altstadt

In funktionaler Hinsicht ist es vor allem die jahrhundertealte Bedeutung der Lübecker Altstadt als Markt und Umschlagsplatz für Handel und Waren, die die Leitbilddiskussion prägte. Vor allem dieser funktionale Aspekt ist **der** bestimmende Faktor für die ökonomische und politische Entwicklung der Hansestadt Lübeck. Auch 850 Jahre nach ihrer Gründung liegt die Lübecker Altstadt, im übertragenen Sinne wie ein von Wasseradern umgebenes Herz, im geographischen Zentrum eines sehr viel größeren Stadt- und Umlandorganismus, für den es als Schrittmacher fungiert und kraft Landesplanung oberzentrale Lenkungsfunktionen übernimmt. Die Altstadt hat diese zentralen Funktionen auch nach Aufhebung der Torsperre im Jahre 1866 übernommen und gegenüber der Gesamtstadt und dem Umland gefestigt.

Dieser Tradition folgend wurden auch nach dem Zweiten Weltkrieg sämtliche Einrichtungen mit oberzentralen Funktionen, über die eine mittlere Großstadt mit derzeit etwa 215.000 Einwohnern und einem regionalen Einzugsbereich von etwa 550.000 Menschen gemeinhin verfügt, auf der Altstadtinsel oder in unmittelbarer Zuordnung am Altstadtrand konzentriert. Dazu gehören derzeit etwa:

Gemeinbedarfseinrichtungen
Etwa 180–200 öffentliche und private Gemeinbedarfseinrichtungen mit gesamtstädtischer oder/und regionaler Bedeutung

Einzelhandelsbetriebe
Etwa 600–700 Einzelhandelsbetriebe mit größtenteils zentrenrelevanten Sortimenten

Verkaufsfläche
Etwa 105.000 m² Einzelhandelsverkaufsfläche entsprechend ca. 30 % der gesamtstädtischen Verkaufsfläche

Dienstleistungseinrichtungen
Etwa 800–1.000 Büros/Praxen der sogenannten „freien Berufe" entsprechend ca. 60 % aller Freiberufler in der Stadt.

Arbeitsplätze
Etwa 20.000–22.000 Arbeitsplätze entsprechend ca. 25 % der gesamtstädtischen Arbeitsplätze

Gemeinbedarfs-, Handels- und Dienstleistungseinrichtungen befinden sich vielfach in mittelalterlichen Baustrukturen und in einem städtebaulichen Umfeld, das nur sehr bedingt für die sogenannten „City-Funktionen" geeignet ist.

1.3 Strukturmodellvarianten und Entwicklungsleitbild

Am Beginn der Leitbilderarbeitung für die Altstadt stand zunächst eine qualifizierte städtebauliche, bauliche und sozioökonomische Bestandsaufnahme, die von der GEWOS GmbH, Hamburg, im Auftrag des Lübecker Stadtplanungsamtes durchgeführt wurde. Die Ergebnisse dieser, Anfang der 70er Jahre durchgeführten Bestandsaufnahme waren außerordentlich besorgniserregend und zeigten, in welchem dramatischen Verfallsprozeß die Altstadt sich befand. Dazu die folgenden Hinweise:

- In dem Zeitraum von 1950–1975 war für die Altstadt ein Einwohnerrückgang von fast 50 % (von 32.000 auf 17.000 EW) zu verzeichnen.
- Etwa 60 % aller Wohnungen hatten kein Bad und kein WC.
- Mehr als 60 % aller Wohnungen hatten Ofenheizung.
- Bei etwa 40 % aller Gebäude war der bauliche und ausstattungsmäßige Zustand so kritisch, daß sie mit wirtschaftlichem Aufwand nicht mehr zu modernisieren, sondern abzubrechen waren.

Mit etwa 47 % Einpersonenhaushalten (gegenüber 30 % in der Gesamtstadt) und einem um 6 % höheren Altenanteil war die Altstadt zu Beginn der 70er Jahre nicht nur in demogra-

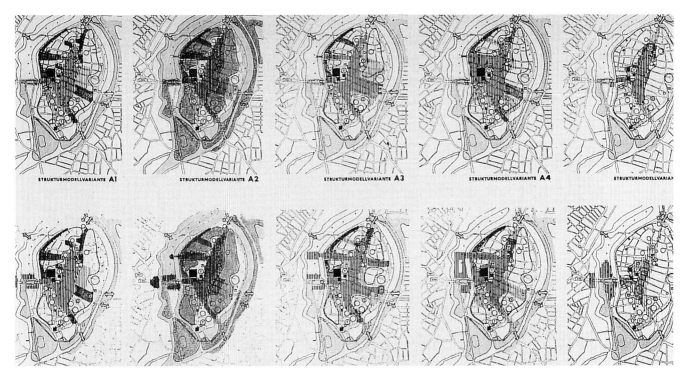

Strukturmodellvarianten

phischer und sozialer Hinsicht ein problembehaftetes Stadtzentrum, sondern auch in städtebaulicher und baulicher Hinsicht ein Ort, der sich sichtbar in einem teilweise dramatischen physischen Verfallsprozeß befand[2].

Vor dem Hintergrund dieser baulichstrukturellen Situation, dem eingangs skizzierten gesellschaftspolitischen Wertewandel und begleitet durch eine teilweise sehr kontrovers und emotional geführte öffentliche Leitbilddiskussion (rückwärts gewandte Denkmalpflege und Städtebauromantik versus zukunftsorientierte und arbeitsplatzsichernde Wirtschaftsentwicklung) vollzogen sich die stadtplanerischen Arbeiten am Leitbild für das vom Verfall bedrohte Stadtdenkmal.

Dazu wurden mit einem methodisch anspruchsvollen Verfahren anhand zahlreicher „Strukturmodellvarianten" die Wechselbeziehungen zwischen und die Auswirkungen von Veränderungen in der Zentrums-, Wohn- und Versorgungsfunktion auf die Altstadt und auf ihr baulich-räumliches Gefüge untersucht.

Dem gewandelten Zeitgeist der 70er Jahre folgend stand der wiederentdeckte kulturelle und immaterielle Wert des Stadtdenkmals mit seiner historischen Bausubstanz im Zentrum der stadtplanerischen Überlegungen und war zugleich Ausgangspunkt und Maßstab für die Beurteilung der in den Strukturmodellvarianten untersuchten baulichen, räumlichen und funktionalen Veränderungen der Altstadt.

Diese Strukturmodellvarianten enthalten zwei grundsätzlich unterschiedliche räumliche Entwicklungsmodelle. Der Modellreihe A liegt die Überlegung zugrunde, daß City-orientierte Nutzungen mit unterschiedlichen räumlichen Verteilungen der Funktionen nur innerhalb der denkmalgeschützten Altstadt stattfinden sollen. Im Gegensatz dazu sieht die Modellreihe B eine Erweiterung für City-Nutzungen außerhalb der Altstadt, auf der Achse Holstentor, ZOB und Wallhalbinsel, vor. Aus stadtplanerischer Sicht wurden die Entwicklungsmodelle der Reihe B favorisiert, insbesondere das Modell B2. Dieses Modell beschränkt die sogenannten City- oder

Kerngebietsnutzungen im wesentlichen auf die in der Altstadt vorhandenen Bereiche und schlägt City-Ausläufer zum Bahnhof vor[3].

Die Ergebnisse dieser Untersuchungen, die den eigentlichen Kern des städtebaulichen Entwicklungsleitbildes für die Altstadt darstellen, wurden vom Baudezernat in der ersten Hälfte der 70er Jahre in sogenannten „Sanierungsberichten" zusammengefaßt. Der „S-4-Bericht", Lübecks erster städtebaulicher Rahmenplan, setzt sich schwerpunktmäßig mit den städtebaulichen und funktionalen Entwicklungszielen für die Altstadt auseinander und enthält ein hierarchisches Zielsystem mit einem klar definierten Entwicklungsleitbild.

In diesem Entwicklungsleitbild wird, der Logik des gesellschaftlichen Wertewandels folgend, dem Ziel der „Erhaltung der Innenstadt als Kulturdenkmal" eindeutig der Vorrang vor allen anderen Entwicklungen gegeben. Die drei Hauptzielbereiche des S-4-Berichtes umfassen folgende Leitbilder und Ziele:

Zielbereich 1
Die Altstadt als Kulturdenkmal
Leitbild

Die Lübecker Altstadt ist in der Gesamtheit ihrer kulturhistorischen Werte und stadtbildprägenden Elemente als nationales und internationales Kulturdenkmal zu erhalten.

Entwicklungsziele:

Die Erhaltung der Lübecker Innenstadt als Kulturdenkmal (Stadtdenkmal) hat Vorrang vor allen anderen Zielen. Einschränkungen sind nur dort hinzunehmen, wo eine Verfolgung dieses Ziels zu einer Vertreibung der Wohnbevölkerung führen würde. Die Erhaltung des Stadtdenkmals bedeutet vor allem:

- Vollkommene Erhaltung des historischen Stadtgrundrisses und der historischen Straßen- und Platzräume
- Erhaltung der historisch wertvollen Bausubstanz. Dazu gehören alle Gebäude, die den historischen Charakter der Altstadt prägen.
- Erhaltung des typischen Stadtbildes in Grund- und Aufriß einschließlich Topographie und Dachlandschaft
- Erhaltung der typischen Höhenentwicklung sowie der maßstab- und rahmengebenden Parzellenstruktur und Kleinteiligkeit

Zielbereich 2
Die Altstadt als Wohnort
Leitbild

Die Lübecker Altstadt soll auch in Zukunft Wohnstandort für unterschiedliche Bevölkerungsgruppen sein.

Entwicklungsziele

Die Wohnfunktion der Altstadt soll auch künftig erhalten bleiben und verbessert werden. Die vorhandenen Wohnquartiere sollen saniert und mit der erforderlichen sozialen und technischen Infrastruktur ausgestattet werden. Die jetzigen Bewohner sollen nicht durch Planungs- oder Sanierungsmaßnahmen gegen ihren Willen zur Abwanderung gezwungen werden.

Die Wohnqualität ist so zu verbessern, daß ein differenziertes Wohnungsangebot für unterschiedliche Bevölkerungsgruppen vorgehalten wird. Damit verbunden muß der Wohn- und Lagewert durch eine Verbesserung der Umgebungsqualität erhöht werden. Dazu sind Umweltbelastungen zu reduzieren und der Durchgangsverkehr ist aus der Altstadt herauszunehmen.

Zielbereich 3
Die Altstadt als regionales Zentrum
Leitbild

Die Lübecker Altstadt bleibt auch weiterhin Einkaufszentrum und Standort zentraler und oberzentraler Einrichtungen für die Versorgung der Bevölkerung der Hansestadt Lübeck und ihres Einzugsbereichs.

Entwicklungsziele:

Die Zentrumsfunktion der Lübecker Altstadt soll auch künftig erhalten bleiben. Innerhalb der Wasserflächen, also auf der historischen Altstadtinsel, soll sich eine Verbesserung dieser Funktion jedoch nur auf die Bereiche erstrecken, in denen bereits „City-Funktionen" angesiedelt sind. Eine Ausdehnung dieser Bereiche innerhalb der Altstadt ist nicht zulässig.

Auf der Achse Holstentor–Wallhalbinsel–Bahnhof ist eine City-Erweiterung vorzusehen und am Bedarf orientiert auszubauen. Alle flächen- und verkehrsintensiven Einrichtungen, Nutzungen, Betriebe usw. werden innerhalb dieser Erweiterungszone angesiedelt. Zugleich ist damit die Herstellung einer attraktiven Fußgängerverbindung zwischen Hauptbahnhof und Altstadt verbunden.

Mit diesen drei Hauptzielbereichen und einem eindeutigen stadtplanerischen Bekenntnis, dem Erhalt der Altstadt vor allen anderen Entwicklungen die oberste Priorität einzuräumen, ist das städtebauliche Leitbild für die Lübecker Altstadt seit Mitte der 70er Jahre definiert[4]. Die diesem Leitbild zugrundeliegenden gesellschaftlichen Werte, baulich-funktionalen und ökonomischen Bedingungen und die stadtplanerischen Ziele, die seither den Handlungsrahmen für die Altstadtentwicklung darstellen, lassen sich vereinfacht wie folgt zusammenfassen:

- Die Lübecker Altstadt ist ein einmaliges Zeugnis mittelalterlicher Stadtbaukunst und ein Stadtdenkmal von internationalem Rang. Auf der Altstadtinsel befinden sich mehr Baudenkmäler und schützenswerte Kulturgüter, als im gesamten norddeutschen Raum zusammen. Dieser Tatbestand zeichnet die Altstadt gegenüber allen anderen Städten im Umland und in der Region aus und weist ihr auch innerhalb der Gesamtstadt einen besonderen Stellenwert zu.

- Die stadtbau- und die kulturgeschichtliche Bedeutung der Altstadt, aber auch ihre jahrhundertelange ökonomische und politische Vormachtstellung im Ostseeraum entfalten noch heute eine Wirkung, die weit über die Grenzen der Hansestadt Lübeck hinausgeht. Die UNESCO hat diesen Tatbestand bereits im Jahre 1987 gewürdigt und große Teile der Lübecker Altstadt in die Weltkulturerbeliste aufgenommen.

- In städtebaulicher und baulicher Hinsicht sind es vor allem die Organisation des Stadtgrundrisses, die Anlage und der Verlauf der Straßen, Wege und Plätze, die kleinteilige Parzellen- und Baustruktur der Quartiere, die Maßstäblichkeit der Gesamtanlage mit ihren städtebaulichen Dominanten und die Topographie der Altstadtinsel, die das städtebauliche Erscheinungsbild der Altstadt seit Jahrhunderten unverändert prägen.

- In funktionaler und nutzungsstruktureller Hinsicht sind es vor allem die vielfältigen Wohn-, Handels-, Dienstleistungs- und Kultureinrichtungen, die bestimmend für die seit Jahrhunderten auch wirtschaftlich herausragende Bedeutung der Altstadt innerhalb des gesamtstädtischen und regionalen Gefüges sind. Die Altstadt besitzt mit dieser einmaligen Kombination von erlebbarer Stadtbaugeschichte, komprimierter Zentrumsfunktion und praktizierter Wohn- und Kulturnutzung einen hochattraktiven ökonomischen Standortvorteil gegenüber allen anderen Städten in Umland und Region.

- Für die Hansestadt Lübeck und alle sie tragenden gesellschaftlichen, wirtschaftlichen und politischen Kräfte, Organisationen und Personen erwächst daraus die Verpflichtung, das Stadtdenkmal in seiner Gesamtheit vor Zerstörung zu schützen, das stadtbaugeschichtliche Erbe und die Kulturgüter vor Schaden zu

bewahren und die Lübecker Altstadt in ihrer baulichen, strukturellen und funktionalen Besonderheit für die Nachwelt zu erhalten.
- Die Verpflichtung zum Erhalt des baulichen Erbes bedeutet zugleich, die Altstadt als Zentrum für Stadt und Region, als Ort der gesamtstädtischen und regionalen Identifikation und damit verbunden die Vielfalt und das lebendige Miteinander von Wohnen, Arbeiten, Einkaufen, Wirtschaft, Bildung, Kultur und Freizeit im Einklang mit dem Stadtdenkmal zu bewahren.

2.0 Planungsgrundlagen zur Realisierung des Leitbildes

Das zuvor beschriebene Entwicklungsleitbild für die Lübecker Altstadt wurde durch die Sanierungsberichte zum fließenden (S-5-Bericht) und zum ruhenden Verkehr (S-6-Bericht) in der Altstadt und am Altstadtrand ergänzt. Bereits Mitte der 70er Jahre lagen damit die planerischen Grundlagen zur Erhaltung und zur baulich-funktionalen Entwicklung des Stadtdenkmals vor – Leitbildgrundlagen, die auch Ende der 90er Jahre nichts an Aussagekraft und Gültigkeit verloren haben.

Die Umsetzung des Entwicklungsleitbildes für die Altstadt erforderte in der Folgezeit jedoch handlungsorientiertere Planungsgrundlagen mit konkreteren inhaltlichen, zeitlichen und finanziellen Aussagen. Um diese zu erhalten, wurden zahlreiche ergänzende Fachplanungen zu speziellen Erhaltungs- und Entwicklungsaspekten des Stadtdenkmals erarbeitet. Die folgende Übersicht zeigt die wichtigsten Planungen und Konzepte:

Die wichtigsten Ziele und Entwicklungsvorstellungen der in der Übersicht aufgeführten Planungen und Konzepte werden an einigen Beispielen stichwortartig erläutert.

Lübecker Altstadt und Altstadtrand
Entwicklungsplanungen und Konzepte zur Leitbildrealisierung

S-4-Bericht
Zieldiskussion und Modelle zur Sanierung der Lübecker Altstadt (Baudezernat 1973/75)

S-5- und S-6-Bericht
Konzepte für den fließenden und ruhenden Verkehr in der Altstadt (Baudezernat 1975/76)

Städtebaulicher Rahmenplan Altstadt
Leitvorstellungen für die Altstadtsanierung (Baudezernat 1983)

Städtebaulicher Rahmenplan Altstadt
Fortschreibung und Ergänzung (Baudezernat 1987)

Altstadtrandkonzepte
Städtebauliche Zielvorstellungen für die Altstadtränder (Baudezernat 1988/89)

„Autofreie Altstadt"
Verkehrsberuhigungskonzept für die Altstadt (Baudezernat 1989/90)

Leitvorstellungen für die Altstadtstraßen und Plätze
Gestaltungsgrundlagen für den öffentlichen Straßenraum (Prof. Machule/Planwerk 1991)

Marktanalysen und Nutzungsperspektiven für den Handel
Einzelhandelsentwicklungsmöglichkeiten in Altstadt und Altstadtrand (PRISMA 1993)

2.1 Städtebaulicher Rahmenplan (1983/87)

Überleitung und Zusammenfassung der einzelnen Sanierungsberichte in einen städtebaulichen Rahmenplan. Dieser erste Rahmenplan für die Altstadt (1983) und seine Fortschreibung (1987) enthalten komprimierte Aussagen zum Untersuchungsgebiet Altstadt, zu den Sanierungsgebieten, den Sanierungsprioritäten und zu den zulässigen Nutzungen nach BauNVo. Einbezogen wurden die Stadtbildaufnahme (Stadtbildatlas) und die Gestaltungs- und Erhaltungssatzung sowie eine auf die Altstadt und den Altstadtrand bezogene Hotelstandortanalyse.

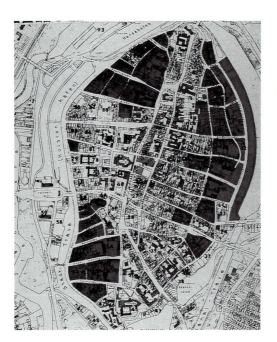

Förmlich festgelegte Sanierungsgebiete

Der städtebauliche Rahmenplan enthält darüber hinaus Empfehlungen zur Aufstellung einer Spielhallensatzung, zur Erarbeitung einer Straßenbildanalyse (Straßenatlas), zur schrittweisen Umsetzung eines Baulückenkatasters und zur Erarbeitung eines Konzeptes für die Altstadtränder.

Der Rahmenplan stellt zugleich die Grundlage für die Bewilligung der für die Sanierung erforderlichen Städtebauförderungsmittel durch das Land Schleswig-Holstein dar.[5]

2.2 Altstadtrandkonzepte (1989/91)

Dem städtebaulichen Leitbild für die Altstadt entsprechend sind die Entwicklungsmöglichkeiten für sogenannte „City-Funktionen" auf der Altstadtinsel begrenzt (Zielbereich 3). Folgerichtig sind daher

- die Ersatz- und Ergänzungseinrichtungen, die zur Erhaltung und Entwicklung der oberzentralen Funktion der Altstadt beitragen und das Angebot der Altstadt komplettieren und
- die aufgrund ihres Flächenbedarfs, Bauvolumens, Verkehrsaufkommens oder sonstiger Bedingungen nicht altstadtverträglich und in einer dem Stadtdenkmal angemessenen Form unterzubringen sind,

am Altstadtrand anzusiedeln. Dazu wurden für den der Altstadt unmittelbar vorgelagerten und lediglich durch Wasserläufe getrennten westlichen Altstadtrand (südliche, mittlere und nördliche Wallhalbinsel), für den östlichen Altstadtrand (Kanalstraße, Klughafen, Falkenstraße) und für das angrenzende Bahnhofsviertel städtebauliche Entwicklungskonzepte aufgestellt.

Diese Konzepte sehen u. a. die Verlagerung der teilweise noch vorhandenen Hafennutzung/ Hafenbetriebe und einiger überkommener Gewerbebetriebe vor. Statt dessen wird die Ansiedlung von altstadtbezogenen Freizeit- und Erholungseinrichtungen, Ersatz- und Ergänzungseinrichtungen für die Sanierungsgebiete, Hotels, Kulturbauten, Gewerbehöfe und Parkplatzanlagen sowie die Entwicklung eines, das Angebot der Altstadt ergänzenden neuen Wohnquartiers verfolgt.[6]

2.3 Einzelhandelsentwicklungskonzept für die Altstadt und den Altstadtrand (1993)

Ein von PRISMA/Hamburg erarbeitetes Konzept zu den Entwicklungsmöglichkeiten des Altstadt-Einzelhandels und zu den Ansiedlungsmöglichkeiten für neue Handels- und Dienst-

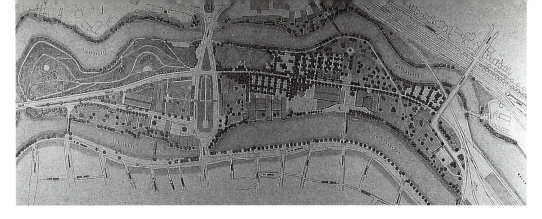

Altstadtrandkonzept
mittlere Wallhalbinsel

leistungseinrichtungen in der Altstadt und am Altstadtrand einschließlich des Bahnhofsbereichs.

Die Untersuchung zeigt einen ökonomisch interessanten Ansiedlungsspielraum sowohl für zentrenrelevante als auch für nicht zentrenrelevante Sortimente und eröffnet vor allem innerhalb der Altstadt Entwicklungsmöglichkeiten für eine altstadtverträgliche Erweiterung/Neuansiedlung von Einzelhandelsbetrieben. Das Konzept soll zugleich die Möglichkeit eröffnen, im Falle von Umbauten, Erweiterungen oder Neubauten eine Stadtreparatur durchzuführen und dabei städtebauliche Mißstände zu beseitigen.

2.4 Leitvorstellungen zur Gestaltung der Altstadtstraßen und Plätze (1989/91)

Ein von Prof. Machule und der Gruppe Planwerk/Hamburg erarbeitetes Konzept zur Erhaltung und behutsamen (historisch bewußten) Umgestaltung von Straßen, Plätzen, Gängen und Höfen in der Altstadt.

Analog zu der auf die Gebäude bezogene Stadtbildaufnahme und die daraus entwickelte Gestaltungs- und Erhaltungssatzung stellen die auf den öffentlichen Raum bezogenen Leitvorstellungen die gestalterische und funktionale Grundlage für alle Veränderungen auf öffentlichen Verkehrsflächen dar. Ziel ist die weitgehende Wiederherstellung und Erhaltung der in der zweiten Hälfte des 19. Jahrhunderts entstandenen Straßen- und Platzflächen einschließlich der Wiederverwendung des noch zu etwa 80 % erhaltenen Granitpflasters.

Die Leitvorstellungen für die Gestaltung der Straßen und Plätze konkretisieren im wesentlichen den im städtebaulichen Entwicklungsleitbild für die Altstadt angelegten Zielbereich eins (die Altstadt als Kulturdenkmal), tragen zugleich zur Erreichung des Zielbereiches drei (die Altstadt als regionales Zentrum) bei und beschreiben den Handlungsrahmen sowie die zur Zielerreichung erforderlichen Maßnahmen und Projekte.

2.5 Verkehrsberuhigungsmodell „Autofreie Altstadt" (1989/1995)

Das unter der Bezeichnung „Autofreie Altstadt" bekannt gewordene Verkehrsberuhigungsmodell ist ein Ende der 80er Jahre auf die spezifischen Bedingungen der denkmalgeschützten Altstadt zugeschnittenes Verkehrskonzept, das durch eine altstadt-, umwelt- und sozialverträgliche Organisation des fließenden und ruhenden Verkehrs auf der Altstadtinsel und am Altstadtrand einen wesentlichen Beitrag zur Erhaltung des UNESCO-Weltkulturerbes leistet.

Das seit 1989 zunächst nur an den Wochenenden und seit Mitte 1996 auch an allen Wochen-

„Autofreie Altstadt"

tagen praktizierte Konzept ermöglicht dem ÖPNV, dem Wirtschaftsverkehr, den Anwohnern und einem begrenzten Kreis von sonstigen Zufahrtsberechtigten täglich zwischen 11.30 und 18.00 Uhr die Zufahrt in die Altstadt. Der Durchgangsverkehr und sonstige Verkehre durch und in die Altstadt werden unterbunden, die Parkhäuser sind davon unabhängig auch in der Zeit von 11.30 bis 18.00 Uhr anfahrbar. Das Konzept erfordert eine Fülle kleinerer und größerer Planungs-, Bau- und Lenkungsmaßnahmen auch außerhalb der Altstadt. Die Umsetzung des Konzeptes wird begleitet von einer stufenweisen Umgestaltung wichtiger Straßen und Plätze.

Das Modell der „Autofreien Altstadt" ist eingebunden in ein gesamtstädtisches Verkehrsentwicklungs-Leitbild, dessen Ziele

- in der Verkehrsvermeidung, der Verhaltensänderung und in der Erhöhung der Verkehrssicherheit,
- in der Stärkung des Umweltverbundes,
- in der Reduzierung der Umweltbelastungen,
- in einer städtebaulichen Integration und
- in einer gleichberechtigten Teilhabe aller Verkehrsteilnehmer am Verkehrsgeschehen liegen.[8]

Beispielhafte Schlüsselprojekte zur Umsetzung des Leitbildes für die Lübecker Altstadt

Das städtebauliche Entwicklungsleitbild für die Altstadt und die vertiefenden Fachplanungen enthalten zahlreiche Maßnahmen und Einzelprojekte, denen - mit jeweils unterschiedlicher Wertigkeit - durchaus eine Schlüsselfunktion für die Umsetzung des Leitbildes beigemessen werden kann. Wenngleich die in baulich-funktionaler Hinsicht spektakulärsten Projekte, die ihren Nutzungsschwerpunkt in den Bereichen Kultur, Dienstleistung, Handel und Wohnen haben, außerhalb der Altstadt am Altstadtrand liegen, so dienen sie dennoch dem obersten

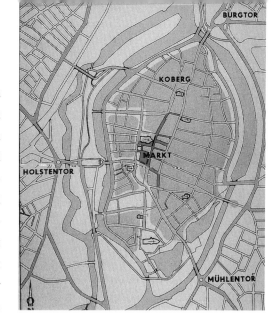

Verkehrskonzept Autofreie Altstadt

Entwicklungsziel: Der Erhaltung der Lübecker Altstadt als Stadtdenkmal und UNESCO-Weltkulturerbe!

Die nebenstehende Übersicht stellt eine sehr vereinfachte Zusammenschau der derzeit wichtigsten Planungs-, Bau- und Verkehrsprojekte dar, von denen einige in ihrer funktionalen Bedeutung weit über die Altstadt hinausreichen und vielleicht gerade deshalb als identitätsstiftend – zumindest für die Gesamtstadt – zu bezeichnen sind.

Die in der Übersicht genannten Planungs-, Bau- und Verkehrsprojekte stellen zugleich den aktuellen stadtentwicklungspolitischen und stadtplanerischen Handlungsrahmen für die Erhaltung der Lübecker Altstadt dar. Die Fülle der Projekte macht deutlich, daß die Umsetzung der Leitbildziele nicht durch einige wenige, zumeist spektakuläre Projekte, sondern nur durch eine Vielzahl von – aufeinander abgestimmten und/oder aufeinander aufbauenden – kleinen und großen Maßnahmen auf unterschiedlichen Handlungsfeldern erreicht werden kann. Nicht die kurzfristige Orientierung an tagespolitischen Aktualitäten führt zum Ziel, sondern kontinuierliches und langfristiges, an wertbeständigen Leitbildern ausgerichtetes Handeln!

Das hängt mit der baulichen und funktionalen aber auch mit der sozialen Vielfalt und Komple-

LÜBECKER ALTSTADT –

Schlüsselprojekte zur Erhaltung des UNESCO-Weltkulturerbes und zur Leitbildrealisierung

- Sanierungsgebiete (altstadt-, sozial- und umweltverträgliche Erhaltung und Sanierung der Quartiere, Blöcke und Gebäude einschließlich der zugehörigen Infrastruktur- und Versorgungseinrichtungen)
- Markt, Koberg und Klingenberg (fußgängerorientierte Umgestaltung der wichtigsten Altstadtplätze und Platzbereiche)
- Kohlmarkt und Sandstraße (ÖPNV-orientierte Umgestaltung der zentralen Haltestellenbereiche mit Holsten- und Wahmstraße)
- Fußgängerstraßen und Einkaufszonen (fußgängerorientierte Umgestaltung der wichtigsten zentralen Einkaufsstraßen im Altstadtzentrum)
- Untertrave und Obertrave (fußgängerorientierte Umgestaltung der wasserbezogenen Altstadtrandstraßen)
- Beckergrube/Ellerbrook (Stadtreparatur/Wiederherstellung der Blockrandbebauung mit Nutzungsschwerpunkt Wohnen, Handel, Dienstleistung)
- Parkhausblock Fünfhausen/Mengstraße (Stadtreparatur/Beseitigung von Mißständen durch Abbruch/Umbau/Umnutzung des Innenhofs mit Schwerpunkt Dienstleistung, Handel, Parken)
- Parkhaus Schmiedestraße (Stadtreparatur/Beseitigung von Mißständen durch Abbruch und Neubebauung mit Schwerpunkt Wohnen, Büro, Dienstleistung, Handel)
- Parkhaus Aalhof (Stadtreparatur/Beseitigung von Mißständen durch Abbruch und Neubebauung mit Schwerpunkt Wohnen, Gewerbe, Dienstleistung)
- Einzelhandelsprojekte (altstadtverträgliche Entwicklung von Einzelhandelseinrichtungen durch Umnutzung im Bestand und in städtebaulichen Mißstandsgebieten)
- Verkehrsberuhigte Altstadt (altstadt-, sozial- und umweltverträgliche, dauerhafte Reduzierung des motorisierten Individualverkehrs)
- „Runder Tisch Altstadt" (kontinuierlicher (Planungs) Dialog / verantwortliche Mitwirkung aller von der Leitbildumsetzung und -fortschreibung betroffenen Institutionen und Bewohner; Erarbeitung kurz-, mittel- und langfristiger Ziele, Maßnahmen und Umsetzungsprojekte zur Erhaltung des Weltkulturerbes)
- Altstadtmarketing (Zusammenführung und werbliche Umsetzung der städtebaulichen Entwicklungsziele und Projekte sowie Entwicklung von Marketingmaßnahmen und Aktivitäten zur Leitbildrealisierung)

ALTSTADTRANDBEREICHE –

Schlüsselprojekte zur Erhaltung des UNESCO-Weltkulturerbes und zur Leitbildrealisierung

- Neues Bahnhofsviertel (Altstadtentlastungsquartier mit Schwerpunkt Dienstleistung, Wohnen, Freizeit, Handel und Parken)
- Südliche Wallhalbinsel (Altstadtrandbereich mit Schwerpunkt Kultur, Veranstaltung, Naherholung, Parken)
- Mittlere Wallhalbinsel (Altstadtrandbereich mit Schwerpunkt Kultur, Veranstaltung, Hotel, Naherholung, Parken)
- Nördliche Wallhalbinsel (Altstadtrandbereich mit Schwerpunkt Wohnen sowie ergänzenden Versorgungseinrichtungen; Kultur, Freizeit, Dienstleistung)
- Kanalstraße und Klughafen (Altstadtrandbereich mit Schwerpunkt Gewerbe, Dienstleistung, Naherholung, Parken)
- Altstadthafenkonzept (fußgängerorientierte Nutzung und Umgestaltung der historischen Hafen- und Hafenrandbereiche, Museumshafen)

xität einer Stadt im allgemeinen und eines Stadtdenkmals von der Qualität der Lübecker Altstadt im besonderen zusammen. Die Übersicht läßt aber auch erkennen, daß Planen und Bauen alleine nicht genügt, um das UNESCO-Weltkulturerbe dauerhaft für die Nachwelt zu erhalten.

Ohne gesellschaftliche und politische Akzeptanz der beschriebenen (Leit)Bilder und der für ihre Umsetzung erforderlichen Projekte wird es auf Dauer nicht möglich sein, Planungen verständlich und nachvollziehbar, in breiten Bevölkerungsschichten konsensfähig und damit politisch mehrheitsfähig zu machen. Nicht umsonst sind deshalb unter den obengenannten Projekten auch einige zu finden, die eher außerhalb der traditionellen Stadtplanung angesiedelt sind, zum Beispiel „Stadtmarketing" und „Runder Tisch Altstadt".

Zur Verdeutlichung der Umsetzungsstrategien werden abschließend für vier der zuvor genannten Schlüsselprojekte beispielhaft deren jeweilige Ziele, Inhalte und Maßnahmen und ihre Einbindung in die Leitbildziele beschrieben.

1.0 Entwicklung des Bahnhofsbereichs

Eines der wichtigsten Schlüsselprojekte zur Umsetzung des Leitbildes für die Altstadt ist das in Planung und teilweise in Realisierung befindliche „neue Bahnhofsviertel" zwischen Stadtgraben, Fackenburger Allee, Hansestraße und Wisbystraße. Der Bahnhofsbereich grenzt unmittelbar an den westlichen Altstadtrand/die mittlere Wallhalbinsel an und ist um die Jahrhundertwende im Zuge der Industrialisierung und Verlegung des ersten Lübecker Bahnhofs von der Wallhalbinsel in die St.-Lorenz-Vorstadt entstanden. Innerhalb dieses Bereichs liegen die teilweise bereits seit Jahrzehnten brachliegenden oder suboptimal genutzten Areale

- des ehemaligen Nutz- und Zuchtviehmarktes (ca. 2,5 ha),
- des Güterbahnhofs am Retteich (ca. 1,4 ha),
- des Kreuzweges am ZOB (ca. 1,1 ha),
- der ehemaligen Hauptpost am Lindenpark (ca. 1,3 ha) und
- des Großmarktes am Stadtgraben (ca. 2,0 ha).

Die Vorstadtentwicklung der Jahrhundertwende hat hier nur eine rudimentäre Bebauung hinterlassen, die auch in der Zeit nach dem Zweiten Weltkrieg nicht zu einem geordneten städtebaulichen Abschluß gebracht werden konnte. Der Bahnhofsbereich mit dem 1991 fertiggestellten neuen ZOB weist die mit Abstand höchste ÖPNV-Zentralität in Stadt und Umland auf, erfüllt mit einem einzelhandelsrelevanten Einzugsbereich aus den angrenzenden Stadtteilen St.-Lorenz-Nord und -Süd von etwa 55.000 Menschen die Voraussetzungen für die Entwicklung eines Stadtteilzentrums, hat ein Entwicklungsflächenpotential in einer Größe von zusammen über 8,0 Hektar und liegt fußläufig nur knapp 700 Meter von der Altstadtinsel entfernt. Das Entwicklungskonzept für den Bahnhofsbereich sieht

- auf dem Areal des ehemaligen Nutz- und Zuchtviehmarktes im wesentlichen den Bau von etwa 300–400 Wohnungen mit ergänzenden kleinen Gewerbebetrieben, zugeordneten Büros, einem Park & Rail-Parkhaus und einer neuen Fußgängerbrücke über die Bahnhofsgleise vor;[9]

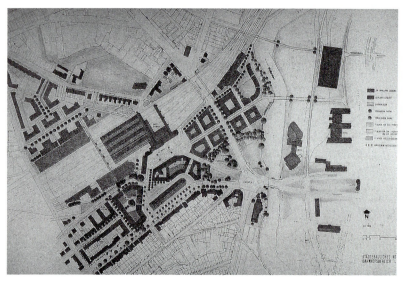

Städtebauliches Konzept „neues Bahnhofsviertel"

Schaubild
Bahnhofsviertel

- auf den Arealen am Retteich und am Kreuzweg im wesentlichen den Bau von Gewerbe-, Büro-, Dienstleistungs- und kleineren Einzelhandelseinrichtungen vor[10] sowie
- kleinere Arrondierungen und Lückenschliessungen an den Bahnhofsrandbereichen mit Schwerpunkt Wohnnutzung.[11]

Das für die Leitbildrealisierung der Altstadt bedeutsame und eigentliche städtebaulich-funktionale „Herzstück" des „neuen Bahnhofsviertels" liegt zwischen Stadtgraben und Bahnhof. Hier ist östlich und westlich der Fackenburger Allee ein kleines Stadtquartier geplant, das mit einem Teil der künftigen Nutzungen zugleich Entlastungsfunktionen für die Altstadt erfüllen soll. Das städtebauliche Konzept sieht hier eine neue und direkte (Fuß)Wegeverbindung zwischen Bahnhof und Altstadt mit Brückenschlag über den Stadtgraben auf die mittlere Wallhalbinsel vor.

Entlang dieses Weges, der quasi eine „neue Bahnhofstraße" darstellt, ist eine straßenbegleitende, kräftige vier- bis fünfgeschossige Randbebauung vorgesehen, die einen klaren Abschluß zum Bahnhofsvorplatz, zum Stadtgraben und zum Lindenpark markiert. Der Lindenpark erhält dadurch eine neue, klar ausgebildete Parkrandbebauung und präsentiert sich künftig auch im Stadtgrabenbereich als unbebauter grüner (Alt)Stadteingang.

Westlich der Fackenburger Allee, dem Bahnhof zugeordnet, soll in vier Baublöcken mit einer Bruttogeschoßfläche von zusammen etwa 25.000 m² eine lebendige Mischung und Nutzungsvielfalt von Handel, Dienstleistung, Gastronomie, Büros und Wohnungen entstehen.

Östlich der Fackenburger Allee, dem Stadtgraben und der mittleren Wallhalbinsel zugeordnet, soll in drei Baublöcken mit einer Bruttogeschoßfläche von zusammen etwa 15.000–20.000 m² der Nutzungsschwerpunkt im Bereich Wohnen und Dienstleistung, ergänzt um kleinere Freizeit- und Einzelhandelseinrichtungen liegen. Die städtebauliche Struktur östlich und westlich der Fackenburger Allee wird durch das Wechselspiel von Straße – Block und Parzelle bestimmt. Die Bebauung soll auf Grundlage eines noch ausstehenden Realisierungswettbewerbs erfolgen.

In diesem neuen Stadtquartier werden Ansiedlungsperspektiven zum Beispiel für größere Hotels, Büros und Freizeiteinrichtungen eröffnet, die aufgrund ihres Bauvolumens, ihres Grundstücksflächenbedarfs, ihres Verkehrsaufkommens oder anderer unabdingbarer Realisierungsvoraussetzungen nicht mehr in das eher kleinteilige und zumeist denkmalgeschützte Gefüge der Altstadt einzubinden sind und somit zu nicht lösbaren Konflikten mit dem Zielbereich eins (die Altstadt als Kulturdenkmal) führen würden. Gleiches gilt für (Einzel)Handelseinrichtungen. Die hier anzusiedelnden Betriebe können und sollen durchaus zentrenrelevante Sortimente anbieten, sie müssen in ihrer Struktur und Größe jedoch so angelegt sein, daß kein Konflikt mit dem Zielbereich drei (die Altstadt als regionales Zentrum) und damit verbunden eine Schwächung der Zentrumsfunktion entsteht.

Das neue Bahnhofsviertel ist deshalb **der** Standort für altstadtbezogene Ersatz- und Ergänzungseinrichtungen, die das oberzentrale Angebot der Altstadt für die Gesamtstadt und für die Region komplettieren (z. B. im Hotel- und Dienstleistungsbereich) und das städtische Angebot an Büro-, Dienstleistungs-, (Einzel)Handels- und Freizeiteinrichtungen insgesamt verbessern. Dem Bahnhofsviertel kommt damit in ganz erheblichem Maße eine Entlastungsfunktion für die Altstadt zu. Das „Schlüsselprojekt Bahnhofsviertel" dient der Umsetzung der Leitbildziele eins (die Altstadt als Kulturdenkmal) und drei (die Altstadt als regionales Zentrum).

2.0 Entwicklung der mittleren Wallhalbinsel

Die mittlere Wallhalbinsel ist das räumliche und funktionale Verbindungsstück zwischen Bahnhofsbereich und Altstadt. Die mittlere Wallhalbinsel liegt unmittelbar gegenüber der Altstadtinsel, ist von dieser durch den Wasserlauf der Trave mit einer Flußbreite von etwa 100 Metern getrennt und durch drei Brücken mit der Altstadtinsel verbunden. Das aus dem städtebaulichen Entwicklungsleitbild für die Altstadt entwickelte Altstadtrandkonzept weist diesem Areal mit einer Größe von etwa 14 Hektar die Aufgabe zu, großvolumige Kultur- und Veranstaltungseinrichtungen, Hotels sowie Parkplatzanlagen für Busse und Pkws in einer Größenordnung von zusammen etwa 1.000 Plätzen aufzunehmen. Darüber hinaus dient die mittlere Wallhalbinsel auch der landschaftlichen Naherholung für die Bewohnerinnen und Bewohner der mit Grünflächen unterversorgten Altstadt.

Das städtebauliche Konzept für die mittlere Wallhalbinsel (das weitgehend realisiert ist) unterscheidet zwischen der seit Jahrhunderten gewerblich genutzten, technisch ausgebauten und der Altstadt gegenüberliegenden „harten" Uferkante entlang der Trave und der dem Bahnhofsbereich gegenüberliegenden und weitgehend landschaftlich geprägten „weichen" Uferkante am Stadtgraben. Bauflächen für Hotels, Kultur- und sonstige („harte") Einrichtungen sowie Busparkplätze sind entlang der Trave angeordnet. Landschaftlich gestaltete und stark begrünte („weiche") Parkplatzanlagen für Pkws sind gegenüber dem Bahnhofsviertel am Stadtgraben entstanden.

Eine der wichtigsten Kultureinrichtungen für Stadt und Region ist die (aus einem Architekturwettbewerb hervorgegangene) auf der mittleren Wallhalbinsel entstandene und im Herbst 1994 eröffnete Musik- und Kongreßhalle mit einem Konzertsaal und einem Veranstaltungsfoyer für jeweils rd. 2.000 Besucher (Architekten: von Gerkan, Marg und Partner/Hamburg). Die Musik- und Kongreßhalle stellt heute im Verbund mit den auf der mittleren Wallhalbinsel angrenzenden Hotels, die eine Kapazität von zusammen etwa 800 Betten haben, **das** Kultur- und Veranstaltungszentrum in der Region dar.

Städtebauliches Konzept mittlere Wallhalbinsel

Die „Kultur-, Hotel- und Parkplatzmeile" auf der mittleren Wallhalbinsel erfüllt mit der Ansiedlung großvolumiger, flächenextensiver und in erheblichem Maße verkehrserzeugender Einrichtungen sowie mit ihren Naherholungsangeboten in geradezu klassischer Weise die im Leitbild für die Altstadt angelegte Ersatz- und Ergänzungsfunktion.

Der Realisierung des städtebaulichen Konzeptes für die mittlere Wallhalbinsel kommt damit in besonderer Weise eine Schlüsselfunktion für die Umsetzung der Leitbild-Zielbereiche eins (die Altstadt als Kulturdenkmal) und drei (die Altstadt als regionales Zentrum) zu. Ohne Zweifel hat besonders die Musik- und Kongreßhalle den Ruf der Hansestadt Lübeck als die Musikstadt des Nordens und damit die Funktion Lübecks als Oberzentrum insgesamt gefestigt. Zugleich konnte durch die städtebauliche Entwicklung der mittleren Wallhalbinsel eine zusätzliche (Verkehrs)Belastung der Altstadt vermieden werden.

3.0 Entwicklung der nördlichen Wallhalbinsel

In ganz anderer Weise trägt auch das städtebauliche Konzept für die nördliche Wallhalbinsel zur funktionalen Stärkung und gleichzeitigen Entlastung des UNESCO-Weltkulturerbes bei. Auch dieses Areal mit einer Größe von über 7,0 Hektar liegt in Fortsetzung der mittleren Wallhalbinsel unmittelbar gegenüber der Altstadtinsel, ist ebenfalls durch den Lauf der Trave von ihr getrennt und über eine Brücke mit der Altstadt verbunden.

Um die Jahrhundertwende, als Folge des ersten Lübecker Stadtentwicklungsplans entstanden, ist die nördliche Wallhalbinsel weitgehend durch Hafennutzungen geprägt, die allerdings zeitgemäßen Ansprüchen an einen schnellen flächenextensiven Güterumschlag schon lange nicht mehr genügen. Teile der Flächen und Gebäude liegen bereits seit Jahren brach oder sind suboptimal genutzt.

Radisson-SAS-Hotel und Musik- und Kongreßhalle auf der mittleren Wallhalbinsel

Anfang der 90er Jahre wurde für dieses Areal ein städtebaulicher Ideenwettbewerb durchgeführt mit dem Ziel, dort ein die Altstadt ergänzendes Stadtquartier mit dem Schwerpunkt Wohnen entstehen zu lassen. Der Entwurf des ersten Preisträgers (Architekten: Kleffel, Köhnholdt, Gundermann/Hamburg), eröffnet mit einer, an der derzeitigen Lagerhausstruktur orientierten, im Mittel dreigeschossigen Bebauung Entwicklungsmöglichkeiten für etwa 90.000–100.000 m² Bruttogeschoßflächen.

Dieses Bauvolumen bietet Platz für etwa 700–800 neue Wohnungen, für (auch hafenaffine) kleinteilige Dienstleistungs-, Büro- und Gewerbeeinrichtungen, für Beherbergungsbetriebe, Kultur- und Freizeiteinrichtungen, Gastronomie und Hotels sowie für weitgehend (alt)stadtquartierbezogene Versorgungs- und Einzelhandelseinrichtungen. Der Wohnstandort „nördliche Wallhalbinsel" besticht durch seine exzellente Lage am Wasser, vis-à-vis zum UNESCO-Weltkulturerbe und erfährt seine besondere Qualität durch die „Fühlungsvorteile" und unmittelbare Nähe zur Altstadt mit all ihren Handels-, Dienstleistungs-, Versorgungs-, Freizeit- und Kulturangeboten.

Die stadtentwicklungsplanerische Bedeutung dieses Projektes liegt vor allem in dem die Altstadt ergänzenden Wohnungsangebot und die damit verbundene Erhöhung der (auch Altstadteinrichtungen nachfragenden) Wohnbevölkerung um

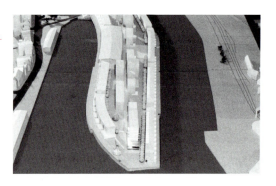

Bebauungskonzept nördliche Wallhalbinsel

etwa 1.500 Einwohner. Immerhin sollen auf der nördlichen Wallhalbinsel etwa 10 % des derzeitigen, in der Altstadt vorhandenen Wohnungsbestandes entstehen. Dem neuen Stadtquartier auf der nördlichen Wallhalbinsel kommt damit eine besondere Schlüsselfunktion für die Umsetzung des Leitbild-Zielbereiches zwei (die Altstadt als Wohnort) zu.

4.0 Koberg und Markt

Umsetzungsprojekte ganz anderer Art stellen die Wiederherstellung und historisch bewußte Umgestaltung der öffentlichen Verkehrsflächen in der Altstadt dar. Durch die damit zusammenhängenden Maßnahmen wird die Umsetzung aller drei Leitbild-Zielbereiche der Altstadtentwicklung für alle Nutzer der Altstadt visuell erlebbar befördert.

Das städtebauliche Erscheinungsbild und die Schönheit der Lübecker Altstadt wird eben nicht nur durch die lebendige Vielfalt ihrer Gebäude, sondern gleichermaßen durch die beeindruckende Regelmäßigkeit, den Verlauf und die geordnete gestalterische Ausbildung ihrer Straßen und Plätze bestimmt. Deren Ausbauform in Profil, Breite, Gradiente und Material ist um 1850 herum entstanden und bis heute zu etwa 80 % erhalten. Lange Zeit wurde im Rahmen der Altstadtsanierung übersehen, daß auch die Erhaltung und Wiederherstellung der öffentlichen Straßen und Plätze eine unabdingbare Voraussetzung zur Erhaltung des Stadtdenkmals ist. In Kombination mit ihren vielfältigen Nutzungsmöglichkeiten und ihren Aufenthaltsqualitäten für Fußgänger kommt dabei der Wiederherstellung der Altstadtplätze eine besondere Bedeutung zu. Neben dem Stadtbild profitieren vor allem die Altstadtbewohner, die Kunden und der Einzelhandel von attraktiven Plätzen. Die fußgänger- und nutzerfreundliche Wiederherstellung der Plätze gehört daher in städtebaulicher Hinsicht zu den Schlüsselprojekten der Leitbildrealisierung. Die Umgestaltung der öffentlichen Verkehrsflächen erfolgt auf Grundlage der „Leitvorstellungen zur Umgestaltung der Straßen und Plätze", die ihrerseits Teil des städtebaulichen Rahmenplans für die Altstadt sind.

Als erster Stadtplatz wurde 1996 einer der bedeutendsten Architekturplätze Norddeutschlands, der Koberg, fertiggestellt. Die Platzgestaltung ist das Ergebnis eines Architektenwettbewerbs, dessen Programm gemeinsam von der Stadtplanung und der Denkmalpflege entwickelt wurde. Preisträger sind die Hamburger Architekten Meyer & Fleckenstein. Das von ihnen entwickelte Gestaltungskonzept nimmt die freie und weitgehend unmöblierte Platzfläche des 19. Jahrhunderts mit ihren wenigen Platzelementen (Brunnen, Stadtwache, Burrecht) wieder auf und setzt sie in einer zeitgemäßen Architektursprache um.

Durch die Wiederherstellung des Platzes wird erstmals in diesem Jahrhundert wieder eine regelmäßige Wochenmarktnutzung am Fuße der Jakobikirche, vis-à-vis vom Heiligen-Geist-Hospital erfolgen. Das stellt zweifellos eine Verbesserung der Versorgungssituation für die Bewohner des Burgtorviertels und eine zusätzliche Attraktivität für die Altstadtbesucher dar. Der Koberg ist nach seiner Fertigstellung einer der attraktivsten Begegnungs- und Veranstaltungsorte in der Altstadt sowohl für Fußgänger als auch für den Handel.

Auch für den Lübecker Marktplatz und den Marienkirchhof, zwei Plätze, deren Architektur und Funktion seit Jahrhunderten durch das Rathaus und die Marienkirche bestimmt werden, werden Überlegungen für eine Umgestaltung einschließlich einer teilweisen Erneuerung der Platzrandbebauung (mit Handels-, Dienstleistungs-, Kultur- und Wohnnutzung) angestellt. Die Ergebnisse eines im Jahre 1996 durchgeführten Ideenwettbewerbs bilden die Grundlage für die künftige Umgestaltung. Auch für den Marktplatz wird im Sinne des städtebaulichen Entwicklungsleitbildes das Ziel verfolgt, ihn wieder attraktiver zu gestalten und ihn vor allem (auch in den Zeiten nach Geschäftsschluß) als einen lebendigen Ort der Begegnung zu nutzen.

Die Gestaltung von Plätzen in der Altstadt beschränkt sich jedoch nicht allein auf den hier beispielhaft genannten Koberg und auf den Marktplatz. Zur Umsetzung der Leitbildziele wird die Stadt die bereits erfolgreich begonnenen Umbau- und Wiederherstellungsmaßnahmen an Straßen und Plätzen kontinuierlich fortsetzen. Dazu gehören vor allem

- die Große Burgstraße, die Mühlenstraße, die Beckergrube und die Holstenstraße als wichtigste Altstadteingangsbereiche,
- der Klingenberg-Platz als „Gelenk" zwischen den Einkaufsbereichen und dem Domviertel,
- der Schrangen als kleinster und zentralster Altstadt-Platzbereich,

Wettbewerbsentwurf Umgestaltung Markt und Marienkirchhof

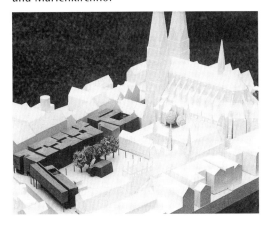

Umgebauter Koberg

- die Hüxstraße, Fleischhauerstraße und Dr.-Julius-Leber-Straße als neue Fußgänger(einkaufs)straßen sowie
- Kohlmarkt, Sandstraße und obere Wahmstraße als zentraler Haltestellen- und Einkaufsbereich.

Die Wiederherstellung und Umgestaltung von Straßen und Plätzen in der Altstadt beinhalten damit eine Vielzahl von Einzelmaßnahmen, die in ihrer Gesamtheit zu den kosten- und zeitaufwendigsten – allerdings auch stadtgestalterisch und nutzungsmäßig wirksamsten Umsetzungsprojekten im Rahmen der Leitbildrealisierung gehören.

Fazit

Städtebauliche Entwicklungsleitbilder sind heute – wie eh und je – unabdingbare Voraussetzungen für die Erhaltung historischer Altstädte. Sie dienen dazu, der Altstadt und den angrenzenden Altstadträndern einen längerfristigen räumlich-funktionalen Orientierungsrahmen für die Entwicklung zu geben. Das Beispiel der denkmalgeschützten Lübecker Altstadt macht deutlich, daß Leitbilder nur dann eine längerfristige Verbindlichkeit erhalten,

- wenn sie nur wenige grundsätzliche aber gleichwohl konkret zu beschreibende Ziele festlegen und für deren Realisierung einen flexiblen Handlungsrahmen vorgeben
- und wenn es mit Hilfe zeitgemäßer Methoden gelingt, die an gesellschaftlichen Wertvorstellungen orientierten Leitbilder verständlich zu vermitteln und deren Realisierung vor allem für die Betroffenen nachvollziehbar zu machen.

Um dies zu erreichen, muß auch die traditionelle Stadtplanung andere Formen der Zusammenarbeit mit den Betroffenen und bei der Vermittlung von Planungen und Veränderungen praktizieren. Ohne Zweifel müssen die Ziele der Altstadterhaltung und -entwicklung künftig unmittelbarer mit allen Beteiligten erarbeitet werden, um Leitbilder im Konsens zu formulieren und auch bei wechselnden kommunalpolitischen Mehrheiten erfolgreich umzusetzen.

Dabei ist im Zweifel weniger das städtebauliche Detail zu entwerfen, als vielmehr der an eindeutigen Zielen orientierte kontinuierliche Prozeß der Altstadterhaltung und -entwicklung zu moderieren. Daran wird man sicherlich nicht nur in der Hansestadt Lübeck, sondern auch in den anderen Städten der Arbeitsgemeinschaft weiter arbeiten müssen.

Dr.-Ing. Volker Zahn
Lübeck, im Juni 1998

Index der Fußnoten

1 Lübecks erster Flächennutzungsplan aus dem Jahre 1965 war noch auf einen Bevölkerungszuwachs von ca. 70.000 EW und auf eine Einwohnerzielzahl von 300.000 EW ausgerichtet. Die Hansestadt Lübeck versuchte, durch eine forcierte Hafen- und Industrieentwicklung Anschluß an die wirtschaftliche Entwicklung im Bundesgebiet zu bekommen und die teilungsbedingten Nachteile ihrer extremen Randlage an der Zonengrenze auszugleichen. Nicht Erhaltung des Bestehenden, sondern Entwicklung neuer Flächen bestimmte die gesamtstädtische Stadtentwicklungsdiskussion.

2 Diese Situation erinnert an den Zustand der historischen Altstädte in Stralsund, Meißen und Görlitz zum Zeitpunkt der Grenzöffnung bzw. der Deutschen Einheit in den Jahren 1989/90. So betrachtet ist die Ausgangssituation zum Beginn der Sanierung in allen Städten der Arbeitsgemeinschaft durchaus vergleichbar.

3 Das B2-Modell läßt sich wie folgt charakterisieren: Der Zentrums- oder Kerngebietsbereich ist auf die bisherige Ausdehnung begrenzt. Die Altstadterweiterung findet entlang einer neuen City-Erweiterungsachse zwischen Holstentor und ZOB statt. Die Bereiche Mühlen-, Wahm-, Hüx- und Fleischhauerstraße übernehmen Mischgebietsfunktion, ebenso die Engelsgrube und die Untertrave. Die übrigen Altstadtgebiete, insbesondere die überwiegend wohngenutzten Bereiche, werden saniert und von störenden gewerblichen Nutzungen entlastet. Hier findet reine oder allgemeine Wohnnutzung mit sämtlichen Wohnfolgeeinrichtungen und sozialer Infrastruktur statt.

4 Die kommunalpolitischen Mehrheitsverhältnisse haben Mitte der 70er Jahre jedoch nicht dazu geführt, daß die von der Stadtplanung favorisierte Strukturmodellvariante B2 und die geforderte Hierarchisierung der drei Entwicklungsziele beschlossen wurde. Der entsprechende Bürgerschaftsbeschluß aus dem Jahre 1975 beinhaltet die Gleichrangigkeit der drei Zielbereiche (Kulturdenkmal, Wohnen, City) und ein Mixtum aus den Strukturmodellvarianten A4 und B2. Aufgrund ergänzender Einzelbeschlüsse, mittlerweile geänderter kommunalpolitischer Mehrheiten und der tatsächlich eingetretenen Entwicklung konnte eine Fehlentwicklung jedoch vermieden werden.

5 Der Rahmenplan konkretisiert im wesentlichen die im städtebaulichen Leitbild für die Altstadt angelegten drei Hauptzielbereiche der Entwicklung (die Altstadt als Kulturdenkmal [1], die Altstadt als Wohnort [2], die Altstadt als regionales Zentrum [3]) und beschreibt den Handlungsrahmen sowie die zur Zielerreichung erforderlichen Maßnahmen und Projekte.

6 Die Altstadtrandkonzepte konkretisieren im wesentlichen die im städtebaulichen Entwicklungsleitbild für die Altstadt angelegten Zielbereiche zwei und drei (die Altstadt als Wohnort [2] und die Altstadt als regionales Zentrum [3]. Sie beschreiben den Handlungsrahmen sowie die zur Zielerreichung erforderlichen Maßnahmen und Projekte.

7 Das Einzelhandelsentwicklungskonzept konkretisiert im wesentlichen den im städtebaulichen Entwicklungsleitbild für die Altstadt angelegten Zielbereich drei (die Altstadt als regionales Zentrum [3]) und beschreibt den Handlungsrahmen sowie die zur Zielerreichung erforderlichen Maßnahmen und Projekte.

8 Das Verkehrsberuhigungsmodell "Autofreie Altstadt" konkretisiert im wesentlichen die im städtebaulichen Entwicklungsleitbild angelegten Zielbereiche eins und drei (die Altstadt als Kulturdenkmal [1] und die Altstadt als regionales Zentrum [3]) und beschreibt den Handlungsrahmen sowie die zur Zielerreichung erforderlichen Maßnahmen und Projekte.

9 Architekt: Prof. Winking und Partner/Hamburg; das Projekt befindet sich derzeit in der Realisierung.

10 Architekt: Schünemann und Partner/Lübeck

11 Architekten: Crayen und Partner/Lübeck/Bielefeld; Traut/Lübeck; die Projekte sind weitgehend realisiert.

Die Entwicklung von Altstadt-Randbereichen als Beitrag zur Erhaltung historischer Altstädte

Das Beispiel Meißen ■ STEFFEN WACKWITZ

1.0 Altstadterhaltung und Suburbanisierung

Die städtebauliche Entwicklung in den 90er Jahren hat in vielen ostdeutschen Städten Veränderungen bewirkt, die zu Problemen bei der Erhaltung der historischen Altstädte führen. Immer wieder steht dabei die Suburbanisierung im Mittelpunkt der Auseinandersetzung von Befürwortern und Gegnern dieses wohl markanten Prozesses der Stadtentwicklung, nicht nur der 90er Jahre in den neuen Bundesländern. Suburbanisierung, also die Verstädterung der Ränder zwischen Stadt und Land, ist dabei nur der städtebauliche Ausdruck gesellschaftlicher und ökonomischer Veränderungen. Von Rändern in vielerlei Hinsicht, und nicht nur von Suburbia, sondern auch von sozialen und gesellschaftlichen Rändern, wird zunehmend negativ gesprochen. Aussagen wie „Wir sind am Rande der Existenz"; „...am Rande der ökologischen Krise..."; „...die sozialen Ränder brechen weg..." bestimmen häufig die Leitartikel und Tagesthemen und wirken sich auch auf die Diskussionen zur Erhaltung der historischen Altstädte aus.

Nach den gewaltigen Stadterweiterungen nach vormals sozialistischem Wohnungsbauprogramm der 70er und 80er Jahre (z. B. Dresden-Gorbitz, Dresden-Prohlis, Coswig bei Meißen) trat durch die Städtebauförderung der Bundesrepublik Deutschland eine gewisse Besinnung auf die historische Stadt ein. Gleichzeitig wurde der verständliche Drang nach Eigentum an Grund und Boden und der Aufwertung der Grundstücke gestärkt und durch gezielte Förderprogramme unterstützt. Fast zeitgleich wurden neben großen Baugebieten für Ein- und Zweifamilienhäuser viele Sanierungsgebiete in den Innenstädten ausgewiesen. Es begann ein gewisser Wettlauf zwischen Kern und Rand der Stadt, zwischen Stadt und dörflichem Umfeld. Nicht unerwähnt bleiben darf die Klärung der Eigentumsproblematik nach dem Einigungsvertrag zwischen der ehemaligen DDR und der Bundesrepublik Deutschland. Die langwierige Rückgabe vor Entschädigung wirkte sich bis in die Mitte der 90er Jahre für den Kern der Städte, zumindest in Meißen, teilweise hemmend aus.

Das funktionale und ökonomische Spannungsverhältnis zwischen historischen Altstädten und den Altstadträndern beziehungsweise den Rändern der Stadt ist also aufgrund der faktischen Entwicklung seit der deutschen Einheit zu einem der größten Probleme bei der Erhaltung der historischen Altstädte geworden. Gerade in den östlichen Bundesländern hat sich die stürmische Entwicklung auf der grünen Wiese in erheblichem Maße wettbewerbsverzerrend für die Entstehung eines attraktiven und konkurrenzfähigen Innenstadthandels erwiesen. Die Innenstädte in den östlichen Bundesländern waren bereits in den letzten Jahren der DDR geschwächt. Dies hatte vielfältige Gründe, die nicht zuletzt bei den Engpässen einer maroden sozialistischen Planwirtschaft lagen.

Die Suburbanisierung an den Rändern der Stadt hat diese Entwicklung noch begünstigt. Mittlerweile stellt die Entwicklung an den Rändern für viele ostdeutsche Städte ein existenzielles Problem dar, das auch Auswirkungen auf die Erhaltung und Funktionsfähigkeit der historischen Altstädte hat.

Damit verbunden gewinnen die Diskussionen um die Leitbilder zur Erhaltung der historischen Städte wieder an Bedeutung, eine Diskussion, die auch in Meißen geführt wird. An städtebauliche Leitbilder wird die Forderung der Nachhaltigkeit gestellt. Die Suburbanisierung der Ränder, das Wohnen im grünen Rand, im sogenannten Speckgürtel, im Nachbardorf der großen Stadt, die Ansiedlung großer Handels- und Dienstleistungszentren wirken dabei jedoch kontraproduktiv und laufen den Zielen einer nachhaltigen Stadtentwicklung entgegen.

Die Folgen dieser Entwicklung bekommt auch die Meißener Altstadt zu spüren. Die unbestreitbaren Vorteile der Dezentralisierung wirken sich zunächst als nachteilig und gravierend negativ für die Innenstädte aus und lassen auch in Meißen die folgenden, von den Investoren zumeist als Erschwernisse empfundenen Entwicklungsbedingungen in der historischen Altstadt erkennen:

- In der Altstadt von Meißen bestehen so gut wie keine Möglichkeiten für Neubauten.
- Die Erhaltung der zumeist kleinteiligen denkmalgeschützten Bausubstanz läßt größtenteils nur kleine Ladenstrukturen zu, die nur bedingt mit den flächenextensiven Märkten an den Stadträndern konkurrieren können.
- Gemessen an den Grundstückspreisen in den (Alt)Stadtrandbereichen sind die Miet- und Bodenpreise in der historischen Altstadt zu hoch.
- Der einmaligen städtebaulichen Besonderheit entsprechend müssen Bauherren von Handels- und Dienstleistungseinrichtungen mit spezifischen denkmalpflegerischen und gestalterischen Auflagen rechnen, die zumeist als störend empfunden werden.
- Im Verhältnis zu Neubauten auf der grünen Wiese sind die Kosten der Sanierung und Modernisierung historischer Bausubstanz wesentlich höher.
- Anders als auf der grünen Wiese ist der mittelalterliche Stadtgrundriß der Meißener Altstadt nur sehr bedingt für den motorisierten Individualverkehr geeignet.

Im folgenden werden das Spannungsverhältnis zwischen Altstadterhaltung und Randentwicklung sowie die möglichen Maßnahmen zur Gegensteuerung am Beispiel der Stadt Meißen beschrieben. Die Innenstadt Meißens und anderer, ähnlich strukturierter Stadtteilzentren läuft mittlerweile Gefahr, aufgrund der eingangs beschriebenen Suburbanisierungstendenzen sehr viel Kaufkraft an das Umland zu verlieren.

Damit sind nicht die mittelbaren Kaufkraftabflüsse nach Dresden gemeint, sondern die unmittelbaren Verluste, die durch neue Handelseinrichtungen auf dem Gebiet der Nachbargemeinden, unmittelbar an der Meißener Stadtgrenze stattfinden.

2.0 Mittelzentrum am Rande der Region

In Meißen findet derzeit eine strukturelle Veränderung in der Funktion der Meißener Altstadt als Zentrum für das Umland und eine Umorientierung im Käuferverhalten statt. Die Kernstadt – die historische Meißener Altstadt – hat zunehmend Probleme, dieser Entwicklung entgegenzuwirken. Festzustellen ist, daß trotz bemerkenswerter Sanierungserfolge die Nutzungsvielfalt in der historischen Altstadt abnimmt. Statt der angestrebten Durchmischung findet gegenwärtig eine Entmischung gewerblicher aber auch sozialer Art statt.

Bezogen auf das überregional bedeutsame Zentrum der sächsischen Landeshauptstadt Dresden liegt Meißen in einer Randlage und zwar am Rande des Oberen Elbtales.

Das Obere Elbtal stellt sich als eine Art Ellipse dar, die nur einen Brennpunkt besitzt: Das

Oberzentrum Dresden als Landeshauptstadt Sachsens. Die Mittelzentren Pirna, Heidenau, Radebeul, Coswig und Meißen kreisen quasi wie Trabanten um Dresden und übernehmen für die Landeshauptstadt wichtige Teilfunktionen aus den Bereichen des Wohnens, der Ansiedlung von öffentlichen Einrichtungen wie Verwaltung (Schulen usw.). Natürlich bemühen sich auch diese Mittelzentren um Ansiedlung eigenständiger Industrie- und Gewerbebetriebe, um untereinander, aber auch gegenüber der Landeshauptstadt unabhängiger zu werden. Die Förderpolitik von Bund und Land und das Geschick der kommunalpolitisch Verantwortlichen wirken sich ebenfalls auf die Entwicklung der Trabanten an den Rändern der Landeshauptstadt aus.

Doch zurück nach Meißen. Die Siedlungsgeschichte begann mit dem Bau einer Kaserne, bevor dann rund 200 Jahre später die eigentliche Stadt um den Markt herum gegründet wurde (etwa 1150 n. Chr.). Hier wird deutlich, was sich in den Jahrhunderten danach mal mehr, mal weniger vollzieht: Die Ausweitung der Ränder um den Kern herum. Die Suburbanisierung ist kein grundsätzlich neues Problem unserer Zeit.

Innerhalb des Mauerringes entstehen die Stätten des Einzelhandels und des Gewerbes. Die historischen Stadterweiterungen gingen im 19. Jahrhundert einher durch große Industrialisierungen und der Schaffung von Infrastrukturen, von denen Meißen noch heute profitiert. Die Porzellanindustrie, die keramische Industrie, Maschinen- und Fahrzeugtechnik, Straßenbau, Auto und Bahn erlaubten, ja machten diese Entwicklungen von Stadtteilzentren in Meißen erst möglich. Allerdings verlief dies nach einem geordneten Leitbild, heute prägt man die Begriffe Industriearchitektur und Baustile, z. B. Gründerzeit. Die Innenstadt blieb trotz der Ausweitungen unangefochten als Einzelhandelszentrum stehen, wohl auch als Bürger- und

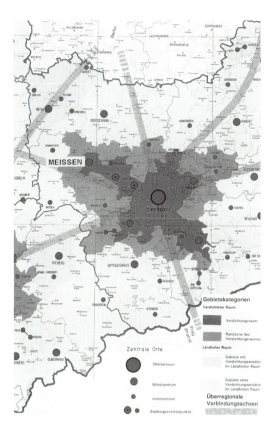

Lage der Stadt Meißen in der Region Oberes Elbtal

Wohnstadt des wohlhabenden Teils der Bevölkerung von Meißen.

3.0 Strukturwandel in der Altstadt und am Stadtrand

Grob und ohne Anmaßung einer öffentlichen Wertung kann man feststellen, daß dieser Prozeß sich in den letzten acht Jahren nach der politischen und wirtschaftlichen Wende in Meißen wiederum vollzogen hat, jedoch auf einer anderen Stufe. Der Maßstab hat sich völlig verschoben. Der kleine Laden des Einzelhändlers (z. B. Tapeten- und Farbengeschäft) in der Meißener Altstadt sieht sich einem großflächigen Fachmarkt am Stadtrand oder im Umland der Stadt gegenüber, ähnlich geht es dem Fleischer, Bäcker, Tischler oder Gärtner. Die Filialisten werden auf den Plan gerufen (erinnert sei an Professor Kiesows Ausspruch der „Deichmannisierung" der Innenstädte), am Logo erkennt man also eine gewisse Uniformität in den Innenstädten, die gleichwohl

Historische Altstadt Meißen – nach Sanierung attraktives Wohnen, Leben und Arbeiten: Heinrichplatz

das Stadtbild in Meißen (noch) nicht beherrscht. So paradox es klingen mag: Meißen benötigt die neuen Baumärkte und großflächigen Einzelhandelseinrichtungen am Stadtrand, um einerseits den Bürgern ein angemessenes Versorgungsangebot zu bieten und andererseits die denkmalgeschützte Altstadt von Meißen vor altstadtunverträglichen Einrichtungen dieser Art zu schützen und sie zugleich attraktiv für altstadtverträgliche Nutzungen zu machen!

Auch in Meißen wurden in den 90er Jahren aus den zuvor genannten Gründen am Rande der Altstadt neue Flächen bauleitplanerisch ausgewiesen und neuen Nutzungen zugeführt. Dazu gehören unter anderem:

- Wohnbauflächen (Rotes Haus, Obermeisa, Niederauer Straße)
- Gewerbe und Industrie (Gewerbegebiet Meißen-Ost, div. Standorte nach § 34 BauGB)
- Umnutzung von Industriebrachen (ehemalige Industriebrache Te-tex, jetzt Handels- und Dienstleistungszentrum Triebischtal, SB-Markt, 4.000 m²)
- Elbe-Center (Meißen-rechts) ebenfalls 4.000 m² SB

Anders als in anderen Städten des Oberen Elbtales sind in Meißen keine brachliegenden Flächen der Deutschen Bahn AG, der Post AG oder der Telekom vorhanden. Am Rande der Altstadt sind es statt dessen private Areale, die als Folge der deutschen Einheit aufgegeben wurden und seit längerem brachliegen. Dazu gehören im unmittelbaren Bereich der Altstadt bzw. am Altstadtrand folgende Bereiche (siehe Abb.):

1. Neumarkt

   ehemaliges keramisches Klinker- und Plattenwerk mit einer Fläche von rund 20.500 m² (Abbruch im Jahr 1992).

2. Altstädter Elbufer

   ehemaliges Sägewerk mit einer Fläche von rund 6.000 m².

3. Felsenkellerbrauerei

   ehemaliges Brauereiareal mit einer Fläche von rund 12.000 m² (Abbruch im Jahr 1997).

Die Lage dieser Flächen am Rande der Altstadt und die Tatsache, daß diese Flächen für eine Umnutzung zur Verfügung stehen, stellt für die Entwicklung und Erhaltung der Meißener Altstadt eine große Chance dar, obwohl die Entwicklung an anderen Stellen am Stadtrand bereits weit fortgeschritten ist. Vor diesem Hintergrund stellt sich die Frage, ob die vom ehemaligen Bundesbauminister Töpfer geforderten Raumordnungsverfahren zur Verhinderung einer altstadtunverträglichen Suburbanisierung der Stadtränder für viele ostdeutsche Städte nicht bereits zu spät kommt.

Minister Töpfer hatte unter dem Titel „Hausaufgaben in Deutschland" unter anderem gefordert[1]: „Das Baugesetzbuch, die Baunutzungsverordnung und das Raumordnungsgesetz werden mit Blick auf Habitat II novelliert. Die BauNVO ist zum Beispiel so zu ändern, daß nicht mehr strenge Maßgrößen, sondern nur Orientierungsgrößen gelten. Einzelne Gebietskategorien sind zu prüfen und aufzulösen (...), um mehr Nutzungsmischungen in den Städten zu bekommen. Außerordentlich wichtig ist es, daß für nichtintegrierte Einzelhandelsbereiche, also für die grüne Wiese, ein Raumordnungsverfahren vorgesehen wird."

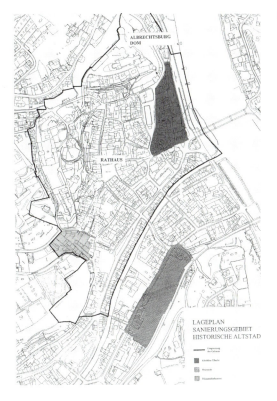

Sanierungsgebiet historische Altstadt mit
1. Neumarkt, 2. Altstädter Elbufer, 3. Felsenkellerbrauerei

Trotz dieser Entwicklung ist die Stadt Meißen auf gutem Wege, in guter Lage am Altstadtrand jenes Potential zurückzuerobern, welches an die bereits bebaute grüne Wiese verlorengegangen ist. Dies geschieht vor dem Hintergrund der folgenden Entwicklungen.

4.0 Einzelhandelsentwicklungskonzept

Im Jahr 1996 wurde von der Stadt Meißen ein Branchen- und Standortkonzept für den Einzelhandel und das Ladenhandwerk an die Gesellschaft für Markt- und Absatzforschung mbH Erfurt (GMA) in Auftrag gegeben. Die Ergebnisse sind eindeutig[2]:

- Vorrangiger Einkaufsort für Lebensmittel ist demnach die Stadt Meißen; ca. 96 % der Befragten bevorzugen die ortsansässigen Einzelhandelseinrichtungen. Wichtigste Einkaufsorte sind das Jute-Center im Triebischtal (41%), das Elbe-Center (ca. 31 %) und die Meißener Innenstadt (ca. 13 %). Als wichtigste Einkaufsorte für Nichtlebensmittel wird die Stadt Dresden vor allem von jüngeren Menschen und von Bürgern mit höherem Einkommen angegeben. Inzwischen ist nach Abschluß der Studie nicht einmal mehr ein Möbelhaus mit einem angemessenen Angebot in Meißen zu finden (Räumung fand im Frühjahr 1997 statt).

- Der Einzelhandel in städtebaulich peripherer Lage spielt im Verhältnis zum Einzelhandel in der Gesamtstadt Meißen eine dominante Rolle. Die Verkaufsfläche von Einzelhandelsbetrieben in peripherer Lage beträgt ca. 34.500 m^2 und entspricht einem Anteil von ca. 52,4 % an der Gesamtstadt. Demgegenüber nimmt die Innenstadt mit ihren Haupteinkaufsbereichen eine klar nachgeordnete Stellung ein. Sie verfügt über 207 Arbeitsstätten und eine Verkaufsfläche von ca. 12.700 m^2. Der Verkaufsflächenbesatz konzentriert sich nur zu ca. 63 % auf die sogenannten 1a- und 1b-Lagen der Innenstadt, so daß mit 69 Anbietern und einer Verkaufsfläche von ca. 4.700 m^2 ein relativ hoher Anteil an Streu- und Nebenlagen festzuhalten ist.

- Meißen weist im Hinblick auf die Betriebsgrößenklassen des Einzelhandels unausgewogene Strukturen auf. 62 % der Meißener Betriebe repräsentieren nur ca. 12 % der Verkaufsfläche. Andererseits weisen 3 % der Betriebe ca. 53 % der Gesamtverkaufsfläche auf. Die Stadt ist somit von einem sehr hohen Anteil kleinbetrieblicher Strukturen geprägt. Dies trifft vor allem auf die Innenstadt zu, wo die Durchschnittsgröße der Läden bei nur ca. 61 m^2 liegt.

Diese Ergebnisse der Einzelhandelsuntersuchung zeigen, daß die Meißener Altstadt in den zurückliegenden Jahren einen gravierenden Attraktivitätsverlust erlitten hat. Wenn diese Ent-

Neumarkt –
ehemaliger Teilbetrieb
der keramischen
Industrie/brachliegende
Fläche im Vordergrund

wicklung fortschreitet, kann die Altstadt ihrer Aufgabe als Zentrum für die Gesamtstadt und für die Umlandgemeinden nicht mehr gerecht werden. Zudem besteht die Gefahr, daß die Sanierungsinvestitionen aufgrund fehlender (auch ökonomischer) Attraktivität der Altstadt nicht mehr in bisheriger Höhe von den privaten Bauherren fortgesetzt werden.

Auf längere Sicht könnte dann die Erhaltung der denkmalgeschützten Altstadt nicht mehr sichergestellt werden. In Anbetracht dieser Situation kommt der Entwicklung von attraktiven Einzelhandels- und Dienstleistungsstandorten im unmittelbaren Altstadtrand eine große Bedeutung – auch für die gesamtstädtische Entwicklung der Stadt Meißen – zu. Diese Aufgabe soll von den zuvor genannten Arealen Neumarkt, Altstädter Elbufer und Felsenkellerbrauerei übernommen bzw. auf diesen Arealen entwickelt werden.

5.0 Strategien zur Stärkung des Altstadtrandes
1. Neumarkt

Der Neumarkt besitzt eine markante und zentrale Lage am Rande der Altstadt von Meißen. Er kann somit zentrale Funktionen der Altstadt selbst aber auch für die Gesamtstadt übernehmen. Der Neumarkt könnte durch seine Fläche einen beträchtlichen Teil des Verkehrsaufkommens und des Flächenbedarfs aufnehmen, den die historische Altstadt nicht aufnehmen kann – der aber zur Anziehungskraft und Überlebensfähigkeit der Altstadt gehört.

Im oben beschriebenen Einzelhandelskonzept sind dem Neumarkt ca. 6.000 m^2 großflächiger Einzelhandel zugeordnet. Hinzu kommen noch einmal ca. 4.000 m^2 Gewerbeflächen. Auch ein SB-Warenhaus ist denkbar, zumal es bis zum heutigen Zeitpunkt keinerlei Konkurrenz in dieser Richtung gibt. Bereits im Jahr 1992 ist ein Planentwurf von den damaligen Eigentümern vorgelegt worden, der diesen Vorstellungen entsprach. Die Stadt Meißen konnte dem Begehren der Eigentümer des Grundstückes zu noch mehr Zugeständnissen in bezug auf den großflächigen Einzelhandel nicht stattgeben. Dies hätte die ohnehin schwierige Situation des Meißener Einzelhandels noch verstärkt und zu weiteren Geschäftsaufgaben geführt. Experten warnten vor einer großzügigeren Entwicklung des Neumarktes. Leider gibt es bis heute keine Annäherung zwischen dem Eigentümer und der Stadt Meißen. So konnten, unabhängig von Insolvenzen und Konkursen, die Investoren sich anderswo niederlassen, eben nur nicht in Meißen.

Somit ist auf dem brachliegenden Areal seither nichts entstanden. Dabei ist die Erschließung gesichert, die Straße Neumarkt/Poststraße soll künftig als Gegenrichtungsfahrbahn zweispurig ausgebaut werden. Der Neumarkt erhält also auch eine Aufwertung als Achse von der Bundesstraße B6 in Richtung Süden. Der Neumarkt ist damit auf kurzem Wege erschlossen. Inzwischen hat auch die Deutsche Bahn AG nach jahrelangen Verhandlungen zugesagt, am Neumarkt einen S-Bahn-Haltepunkt „Altstadt" einzurichten.

Damit ist das Gebiet um den Neumarkt auch an das Oberzentrum Dresden (ca. 40 Min.) mit ÖPNV direkt angeschlossen.

Es wird für diesen Standort eher problematisch werden, die ortsansässigen Einzelhändler in der Altstadt von diesem Projekt des großflächigen Einzelhandels und sonstiger Gewerbeansiedlung zu überzeugen. Außerdem kann von diesem Standort aus eine Gefährdung für das linkselbisch gelegene Einkaufszentrum Triebischtal (siehe oben) entstehen. Im inzwischen fertiggestellten Einkaufszentrum Triebischtal sind noch einige Flächen unbesetzt, was aber auf die Zurückhaltung von Betreibern von Ladenketten, u.a. aufgrund des Überangebotes, nicht nur in Meißen zurückzuführen ist.

2. Altstädter Elbufer

Seit der Schließung des ehemaligen Säge- und Tischlereibetriebes im Jahr 1992 liegt diese Fläche am unmittelbaren Rand, herrlich am Fuß der Altstadt und des Burg- und Dommassives gelegen, brach. Der Eigentümer hatte seither nichts unternommen, obwohl z.B. für den Umzug des Sägewerks in das neu erschlossene Gewerbe- und Industriegebiet Meißen-Ost entsprechende Fördermittel zur Verfügung gestanden hätten.

Die Stadt Meißen hat im Aufstellungsbeschluß zum B-Plan (Abbildung) im Jahre 1998 folgende Planungsziele formuliert, die der Stadtrat beschlossen hat:

Der Bebauungsplan soll die rechtsverbindlichen Festsetzungen für die städtebauliche Ordnung enthalten. Eine wesentliche Grundlage bildet das Ergebnis des von der Stadt Meißen ausgelobten städtebaulichen Ideenwettbewerbes „Altstädter Elbufer".

Die städtebauliche Neuordnung des Altstädter Elbufers erfolgt mit folgenden Planungsprämissen für die im Lageplan dargestellten Abschnitte:

Abschnitt A
Geschäftshausbebauung zur Schaffung einer Torsituation am Altstadt-Eingang mit Magnetfunktion gemäß Handelsnetzgutachten (GMA s. o.), Ergänzungsfunktion evtl. Wohnen, evtl. Grünzone

Abschnitt B
Öffentliches Parken, evtl. in 2 Etagen

Abschnitt C
altstadtverträgliches Gewerbe in teilweise bestehender, teilweiser neuer Bebauung

Abschnitt D
öffentliches Parken, stark durchgrünt

Abschnitt E
entsprechend den Sanierungszielen der Stadt zu sanierende Altbausubstanz mit einem bewußten räumlichen Abschluß in Richtung Elbe, Fußwegeverbindung zwischen ehemaligem Sägewerk und Theaterplatz, evtl. Parkhaus in der Baulücke Leipziger Straße 20/21.

In den Planungszielen ist die Rede von einem Ideenwettbewerb gewesen. Sicher sind solche Wettbewerbe für Architekturbüros eine angenehme Arbeit. Aber ohne klares Leitbild der städtebaulichen Entwicklung und ohne Anlehnung an realistische spätere Ausführung der Ideen bleiben diese „Geistesarbeiten" ein Fall für

Ehemaliges Sägewerk am Altstädter Elbufer - Blick von Osten

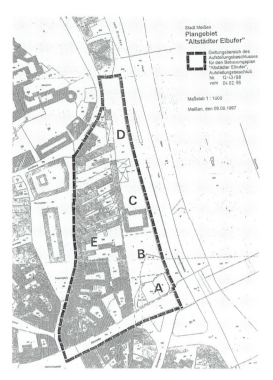

Umgrenzung des B-Plangebietes „Altstädter Elbufer"

Ehemalige Felsenkellerbrauerei während des Abbruchs des Altbestandes

die Schublade. Hier zeigt sich sehr gut, daß es nicht nur allein auf Leitbilder ankommt, sondern auch auf die handelnden Personen, sowohl in der Kommune und den Landeseinrichtungen – vor allem aber auf die oder den Eigentümer.

3. Ehemalige Felsenkellerbrauerei

Die ehemalige Brache der Felsenkellerbrauerei wird demnächst einer neuen Nutzung zugeführt. Die Bundesanstalt für Arbeit läßt zur Zeit dort ein Weiterbildungszentrum für das Land Sachsen errichten. Dazu war es notwendig, den alten Baukörper abzureißen. Die vorhandenen tiefen Brauereikeller konnten als Tiefgarage zur Schaffung von Stellplätzen umgenutzt werden. Darüber entstand ein u-förmiger dreigeschossiger Neubau. Das Internats- und Mensagebäude bietet Platz für 85 Internatszimmer. Nach dem Ausbau wird die Schule im Jahr 1999 ihrer Bestimmung übergeben. Geputzte Ziegelfassaden und rot eingedeckte Ziegelsteildächer sorgen für eine vernünftige Einfügung des Weiterbildungszentrums in das historische Bild der Altstadt von Meißen.

Dem vorangegangen waren seit 1992 bereits Verhandlungen mit der Bundesanstalt sowie ein VE-Plan auf einem damals außerhalb von Meißen gelegenen Grundstück. Die Ansiedlung der Schule schien 1994 aus mehreren Gründen bereits gescheitert, als sich die für die historische Altstadt glückliche Fügung ergab, die brachliegende Fläche der ehemaligen Brauerei als Schulstandort anzubieten. Die Stadt Meißen und viele andere versprechen sich von ihr auch eine Belebung und Impulse für die Innenstadt.

Oberhalb dieser Schule der Bundesanstalt für Arbeit wird demnächst noch eine größere Schulbaustelle entstehen: Auf dem Anwesen von St. Afra (früher Kloster, dann Fürstenschule und seit 1991 Gymnasium) wird ein Landesgymnasium für besonders begabte Schüler entstehen. Es ist das einzige seiner Art in Sachsen, Baubeginn wird 1999 sein.

Inzwischen sind in der Stadt weitere überregionale Schulen angesiedelt:
- Verwaltungsfachhochschule des Freistaates Sachsen (VwFHS)
- Berufsschulzentrum des Landkreises Meißen
- St.-Afra-Gymnasium
- Franziskaneum-Gymnasium
- Behindertenwerkstatt des Landkreises Meißen.

Neumarkt und Altstädter Elbufer könnten und haben auch die Kraft, die „Pole" der Handelsbeziehungen und -wege in der Innenstadt zu bilden. Dazwischen liegt das Spannungsfeld der kleinen Händler und Gewerbetreibenden, welche durchaus von den Großen profitieren. Die Marktentwicklung und der Wettbewerb wird darüber entscheiden, ob die historische Meißener Altstadt mit ihren beiden neuen „Einzelhandels-Polen" Neumarkt und Altstädter Elbufer gegenüber den großflächen Handelseinrichtungen auf der grünen Wiese bestehen kann und, ob die Altstadt mit ihren Randeinrichtungen auf längere Sicht attraktiver ist.

Nur durch die Entwicklung dieser Komponenten hat die Altstadt die Chancen, sich den Rang eines wirklichen Innenstadtzentrums zurückzuerobern. Dies wird unterstützt durch Theater und Kino, Kneipen und Gaststätten, Burg und Dom, Museen und einfachen Plätzen zum Verweilen. Man könnte sagen, es gilt, den Dresdner nach Meißen zu ziehen. Unlösbar? Nein, man muß sich eben nur mutig auf den Weg machen.

6.0 Ausblick

Die Diskussion um die Entwicklung der Randbereiche der historischen Altstadt ist eingebettet in die aktuelle Suche, aber auch in eine Debatte um das Leitbild der Stadt, hier insbesondere der Innenstadt. Es werden Orientierungshilfen gesucht in einer Zeit massiver, globaler europäischer Veränderungen in Gesellschaft und Ökonomie. Stadtentwicklungsplanungen und Sanierungsziele bedürfen sowohl einer Kontinuität, aber auch gleichzeitig immer der Infragestellung. Die bisher übliche Langfristigkeit von Planungen und deren chronologische Abfolge muß auf den Prüfstand der sich fortan verändernden Prozesse der Gesellschaft.

Wächst die Innenstadt zum Konsumzentrum ersten Ranges mit der Entwicklung der Altstadtränder, so werden die Stadtteilzentren zurückgedrängt und erhalten „nur" noch den Versorgungsauftrag.

Ehemalige Felsenkellerbrauerei in der Rohbauphase 1998

Porzellan, Wein, Burg, Dom, die gemütlichen Plätze und Gassen, Passagen, Gaststätten und Brunnen, all das sind eine Art Weintrauben, die der Rebstock, der Mensch, hervorgebracht hat. Der Mensch schließlich benutzt diese Dinge; ohne Nutzen und Nutzung bleibt ein saniertes Haus öde und leer. Rebstock und Weintraube stehen in Beziehung zueinander. Das eine ist abhängig vom anderen, so auch der Mensch.

Es liegt also an uns selbst, an unserem Ideenreichtum, an Entscheidungsfreude und dem Mut dazu, wie wir den „Weinberg" bearbeiten, auch in Zeiten, da sehr viele Steine im Weg liegen.

Steffen Wackwitz
Meißen, im Juni 1998

Index der Fußnoten

1 Zitiert aus „Sachsenlandkurier, Heft 3, 1997
2 Zitiert aus „Branchen- und Standortkonzept für den Einzelhandel und das Ladenhandwerk in der Stadt Meißen", Juli 1996

Entwicklung von Dienstleistung, Handel und Gewerbe in historischen Altstädten

Das Beispiel Regensburg ■ ARMIN MAYR

Regensburg ist mit derzeit über 140.000 Einwohnern die viertgrößte Stadt Bayerns. Sie ist Oberzentrum, Hauptstadt der Oberpfalz, Sitz der Bezirksregierung, Bischofs- und Universitätsstadt. Die Stadt liegt am geographisch nördlichsten Punkt der Donau, am Zusammenfluß von Naab und Regen im Grenzbereich von vier Naturräumen des Bayerischen Waldes, des Fränkischen Jura, der Donauebene und des niederbayrischen Tertiär-Hügellandes. Das Stadtgebiet umfaßt rund 8.000 Hektar.

Die wirtschaftliche Entwicklung der Stadt ist eingebettet in das allgemeine wirtschaftliche Geschehen, insbesondere des ostbayerischen Raumes. Sie bietet heute über 100.000 Arbeitsplätze, vor allem im produzierenden Gewerbe und im Dienstleistungsbereich. Aber auch als Handwerkerstadt bzw. als bedeutsamer Hafen der Donauschiffahrt hat Regensburg eine reiche und ungebrochene Tradition.

Vor knapp 2.000 Jahren als römisches Legionslager am nördlichsten Punkt der Donau gegründet, gehört Regensburg zu den wenigen unverändert erhaltenen mittelalterlichen Großstädten in Deutschland. Ihr Altstadtensemble mit einem Umgriff von 180 Hektar hat europäischen Rang.

Die besondere Bedeutung der Regensburger Altstadt liegt in ihrem hohen bauhistorischen und städtebaulichen Wert. Die Baustrukturen der mittelalterlichen Großstadt mit ihren engen abgewinkelten Gassen sind unverändert erhalten.

Rund 1.000 Gebäude, 70 % aller Anwesen, sind als Einzelbaudenkmal bestimmt und prägen in ihrer Gesamtheit das geschlossene, historische Stadtbild. Deutlich im Stadtgefüge ablesbar ist auch noch das römische Legionslager Castra Regina, dem Regensburg sein Entstehen verdankt.

Eine Einmaligkeit in Bild und Grundriß stellen die Patrizierburgen nach italienischem Vorbild dar. So schreibt Heinrich Laube 1834 in

Luftbild der Altstadt

seinen Reisenovellen, „von ferne grüße die alte Reichsstadt wie ein aufeinandergetürmter Hügel von Häusern und Türmen."

In vielen Abhandlungen und Vorträgen über die Regensburger Altstadt werden immer wieder gerne Bilder „vorher" und „nachher" bei Gebäudesanierungen oder Gestaltungsmaßnahmen im öffentlichen Raum nebeneinander gestellt. So entsteht der Eindruck, Stadterneuerung sei eine vor allem denkmalschützerische und gestalterische Aufgabe. Die Erfahrungen der Vergangenheit haben hier jedoch längst bewiesen, daß dies alleine nicht genügt. Eine gesamtheitliche Erhaltung und Sanierung eines Stadtdenkmals ist nur dann möglich, wenn es gleichzeitig gelingt, die Altstadt mit Nutzungen zu füllen, die ihre wirtschaftliche Basis erhalten und ihren Rang nicht nur als historischen Mittelpunkt der Gesamtstadt auf Dauer sichern. Von Beginn an war es daher auch ein besonderes Regensburger Sanierungsziel, die Wirtschaftskraft der Altstadt zu erhalten und nach Möglichkeit zu stärken.

Die Stärkung der Wirtschaftsfunktion in der Altstadt bleibt andererseits eine schwierige städtebauliche Herausforderung. Die einzigartige historische Bausubstanz erfordert ein möglichst behutsames Vorgehen bei der Sanierung. Gleichzeitig muß aber auch den Erfordernissen moderner Büros, Einzelhandels- und Gewerbebetriebe Rechnung getragen werden.

1.0 Wirtschaftliche Entwicklung der Regensburger Altstadt von 1970 bis heute

Seit 1955 bemüht sich Regensburg um eine umfassende Erneuerung ihres Stadtdenkmals. Trotzdem war 1970 die Altstadtsanierung über erste bescheidene Anfänge nicht hinausgekommen. Rund 70 % der Anwesen befanden sich in einem schlechten bis sehr schlechten Bauzustand.

Im Gegensatz dazu war jedoch 1970 in der Altstadt eine beachtliche wirtschaftliche Substanz vorhanden. Etwa 22.000 Arbeitsplätze, das waren knapp 30 % aller Regensburger Arbeitsplätze, befanden sich in der Innenstadt.

Städtebaufördermittel und erhöhte Steuerabschreibungen gewannen ab Mitte der 70er Jahre zunehmend private Investoren für die Altstadtsanierung. Die bauliche Erneuerung der Altstadt erzielte in den Folgejahren deutlich sichtbare Erfolge, die in solcher Dichte seitdem nicht mehr erreicht wurden.

In dieser Situation war die Arbeitsstättenzählung 1987 ein willkommener Anlaß, in einer Art Zwischenbilanz zu überprüfen, inwieweit die Sanierungsziele auch in ökonomischer Hinsicht erreicht werden konnten. Die Ergebnisse waren dabei überraschend positiv. Die Zahl der Arbeitsplätze war zwar im Verhältnis zur Gesamtstadt anteilig auf 25 % gesunken. Die absolute Zahl der Beschäftigten blieb jedoch gleich. Die Zahl der Betriebe erhöhte sich sogar. So stieg im Einzelhandel, einem der wichtigsten innerstädtischen Wirtschaftsfaktoren, die Zahl der Geschäfte um 30 % bei allerdings nur 11 % mehr Arbeitsplätzen.

Fischmarkt 5

Fischmarkt 5

Stadtrand unter erheblich verbesserten Rahmenbedingungen fortführen.

Der Siegeszug der „grünen Wiese" seit Mitte der 80er Jahre hat auch in der Regensburger Altstadt sichtbare Spuren hinterlassen. Die Verkaufsfläche in der Altstadt zwischen 1987 und 1994 blieb trotzdem nahezu konstant bei etwa 88.000 m^2. Die relative Position der Altstadt hat im Vergleich zur Gesamtstadt aber deutlich abgenommen. Ihr Anteil an der gesamten Verkaufsfläche in Regensburg ging von 33 % auf 23 % zurück. Der Anteil am Gesamtumsatz sank von 42 % auf 33 %. Neue großflächige, stark expandierende Fach- und Verbrauchermärkte mit einer immer breiteren Sortimentspalette an autogerechten Standorten im Stadtgebiet und in der Region sind dafür verantwortlich.

Ein Drittel der Verkaufsfläche in der Altstadt entfällt heute auf das Sortiment Bekleidung, das auch die größte absolute Verkaufsflächenzunahme (3.700 m^2 zwischen 1987–1994) aufweist. Diese sogenannte „Textilisierung" ist jedoch keine Regensburger Besonderheit, sondern ein überall in bundesdeutschen Innenstädten zu beobachtendes Phänomen. Zu den Branchen, die in der Altstadt ebenfalls noch zulegen konnten, zählen Bücher/Schallplatten/CD/Video und Pharmazie/Drogerie/Parfümerie.

Dagegen ist das allgemeine Nahversorgungsangebot für die etwa 14.000 Altstadtbewohner bereits in den 80er Jahren deutlich eingebrochen. Dies gilt sowohl für das allgemeine tägliche Verbrauchsgütersortiment als auch insbesondere für den Nahrungsmittelbereich. Abgesehen von Spezialangeboten gibt es derzeit in der Westhälfte der über 100 Hektar großen Altstadt kein Lebensmittelgeschäft. Erst die nach jahrelangem Bemühen der Stadt jetzt in Aussicht stehende Neueröffnung eines Lebensmittelmarktes in der westlichen Altstadt wird hier die wohnungsnahe Versorgung endlich wieder spürbar verbessern.

Aber auch Kredit- und Versicherungsgewerbe, private und öffentliche Dienstleister, Gaststätten und Beherbergungsbetriebe erzielten zum Teil beachtliche Zuwächse.

Damit konnten die deutlichen Einbrüche im verarbeitenden Gewerbe ausgeglichen werden. Hier verließen zwischen 1970–1987 über 100 Betriebe primär des Handwerks und Kleingewerbes mit ca. 1.000 Beschäftigten die Altstadt. Ursache hierfür waren vor allem beengte räumliche Situationen, fehlende Erweiterungsmöglichkeiten sowie unzureichende verkehrliche Anbindungen.

Firmenschließungen waren dabei jedoch die Ausnahme. In aller Regel konnten die Betriebe unter Mithilfe der Stadt ihr Unternehmen am

Ansonsten ging hinsichtlich Dienstleistungen und übrigem Gewerbe die relative Bedeutung der Altstadt, gemessen an der Zahl der Beschäftigten, in den letzten 10 Jahren, wenn überhaupt, nur leicht zurück. Zwar läßt sich die Frage nach der Entwicklung einzelner Wirtschaftsbereiche in den vergangenen zehn Jahren wegen der unterschiedlichen Datengrundlagen nur eingeschränkt beantworten. Dennoch darf grundsätzlich eine Fortsetzung der Entwicklung von 1970–1987 unterstellt werden. So ging das verarbeitende Gewerbe in der Altstadt spürbar zurück. Dem steht auf der anderen Seite eine deutliche Zunahme der Arbeitsplätze bei den Dienstleistungen gegenüber.

Auch beim Kredit- und Versicherungsgewerbe ist 1997 ein Plus gegenüber 1987 zu verzeichnen. Gleiches gilt für den gesamten Bereich der öffentlichen Verwaltung. Auch hier dürfte sich die Zahl der in der Altstadt Beschäftigten gegenüber 1987 leicht erhöht haben.

2.0 Bewertung und Positionsbestimmung

Nach über 25 Jahren gezielter und erfolgreicher Altstadtsanierung läßt sich auch aus wirtschaftlicher Sicht eine insgesamt positive Bilanz der Entwicklung der Regensburger Altstadt ziehen. Die Altstadt ist nach wie vor wichtigster und größter Einkaufs- und Dienstleistungsstandort der Gesamtstadt. Dennoch besteht angesichts geringer Entwicklungsspielräume die Sorge, das Stadtzentrum könnte gegenüber der Entwicklung des übrigen Stadtgebiets allmählich ins Hintertreffen geraten. Verbraucher- und Fachmarktzentren, denen als Standort letztlich eine beliebige Autobahnausfahrt genügt, oder moderne, guterschlossene Büro- und Gewerbeparks am Stadtrand sind weiterhin potentielle Konkurrenten für die Altstadt.

Welche wirtschaftlichen Perspektiven bieten sich angesichts solcher Rahmenbedingungen dem Stadtkern einer frühmittelalterlichen Großstadt?

Fußgängerzone
Untere Bachgasse

Eine erste Antwort auf diese Frage hat bereits der Regensburg-Plan von 1977 gegeben. Schon damals wurde erkannt, daß der Versuch, sämtliche Ansprüche einer modernen Dienstleistungs-, Informations- und Konsumgesellschaft in einem mittelalterlichen Stadtkern unterbringen zu wollen, unweigerlich zu dessen Zerstörung führen würde. Aus dieser Erkenntnis heraus lautete eines der Oberziele: „Zur Entlastung der historischen Altstadt sind altstadtnahe Gebiete auszuweisen, die jene Einrichtungen aufnehmen, die die Maßstäblichkeit der historischen Baustruktur sprengen und für die aus gesamtplanerischen Gründen ein zentraler Standort erwünscht ist." Was in den 70er Jahren noch weitgehend ein stadtentwicklungsplanerisches Szenario war, ist mittlerweile längst Realität geworden: Es existieren bereits eine Reihe von leistungsfähigen Entlastungsstandorten.

Weitere altstadtnahe Entwicklungsbereiche befinden sich in Planung oder bereits in der Umsetzungsphase. Diese Standorte und Entwicklungsflächen bilden, aneinandergereiht, eine Art „Dienstleistungsbogen". Die Altstadt bildet darin zwar immer noch den entscheidenden Schwerpunkt, gleichzeitig wird jedoch deutlich, was sich bereits außerhalb der Altstadt an zentrumsaffinen Funktionen und Nutzungen herausgebildet hat.

In jüngeren Diskussionen um die wirtschaftliche Entwicklung des Regensburger Stadtzentrums wurde deshalb immer offensichtlicher: Die Innenstadt in all ihren wirtschaftlichen Verflechtungen und Zusammenhängen ist deutlich größer als das historische Stadtdenkmal, auch wenn die Altstadt ihr zentraler und wichtigster Bereich bleibt. Um aber diese Position der Altstadt in einem neudefinierten Innenstadtbereich auch in Zukunft zu sichern, bedarf es bereits heute gezielter strategischer Überlegungen.

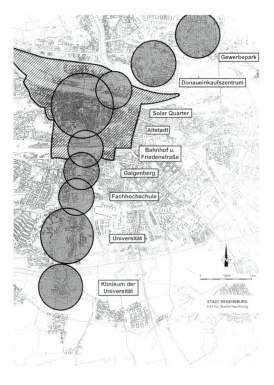

Dienstleistungsbogen

3.0 Ziele, Strategien und Maßnahmen zur Sicherung der wirtschaftlichen Zukunft der Altstadt

3.1 Einzelhandel

Die Sicherung und Weiterentwicklung der Einzelhandelsfunktion in der Regensburger Altstadt ist eine wesentliche Zielsetzung und nimmt in den aktuellen strategischen Überlegungen der Stadt breiten Raum ein. Entscheidend für die Entwicklung der Altstadt als Einzelhandelsstandort wird dabei sein, daß es gelingt, die vorhandene Angebotsbreite und Vielfalt des Einzelhandels aufrechtzuerhalten und nach Möglichkeit noch zu erweitern.

Ein kleinteiliger, hochwertiger Einzelhandel allein ist jedoch bereits heute nicht mehr in der Lage, in erforderlichem Umfang Kunden in die Altstadt zu ziehen und auf Dauer zu binden. Notwendig ist vielmehr die Magnetwirkung größerer Einzelhandelsbetriebe.

Die denkmalgeschützte Bausubstanz, die oft kleinteiligen und auch komplizierten Grundbesitzverhältnisse der historischen Altstadt, ihre engen Gassen und die damit verbundene unzureichende Verkehrserschließung schränken allerdings sowohl die Ansiedlung solcher Einzelhandelsbetriebe als auch die Ansiedlung von bestimmten Betriebsformen ganz erheblich ein. Die vor kurzem erfolgte Umgestaltung und Umnutzung eines Patrizierhauses in einen alle Stockwerke umfassenden Großbuchladen wird daher auch insoweit eine seltene Ausnahme bleiben. Andererseits gibt es jedoch in der Altstadt noch eine Reihe von Standorten, an denen Erweiterungspotentiale für eine Einzelhandelsnutzung bestehen. Eine überschlägige Analyse hat ergeben, daß an diesen Standorten in der Altstadt zusätzliche Verkaufsflächen in einer Größenordnung von insgesamt etwa 10.000–15.000 m² realisierbar wären. Es ist daher auch ein besonderes Anliegen der Stadt, diese

Grundstücke trotz teilweise sehr schwieriger Besitzverhältnisse baldmöglichst zu aktivieren.

Darüber hinaus eröffnet sich aktuell durch das Freiwerden der ehemaligen Bahnflächen südlich des Hauptbahnhofs die für lange Zeit wohl einmalige Chance, altstadtnah neue Einzelhandelsflächen zu erschließen. Damit die Altstadt von diesem neuen Einzelhandelsschwerpunkt profitieren kann, ist es jedoch notwendig, die objektive Entfernung zur Altstadt in der subjektiven Wahrnehmung durch die Kunden und Besucher zu verringern.

Dabei kommt der Gestaltung und der Nutzung der zentralen Verbindungsachse Hauptbahnhof–Maximilianstraße höchste Bedeutung zu. Zur Klärung der Frage, wie diese derzeit „trennende Zwischenzone" zu einem attraktiven Durchgangs- und Aufenthaltsbereich umgestaltet werden kann, wurde ein städtebaulicher Ideenwettbewerb durchgeführt.

Trotz aller Bemühungen um eine optimale Anbindung dieses neuen Investitionsschwerpunktes an die Altstadt wird deutlich, daß sich die Stadtplanung hier in einem Grenzbereich bewegt, der beispielhaft ist für viele andere stadtentwicklungsplanerische Entscheidungen. Konkret bedeutet dies, daß jede Maßnahme, die für die Gesamtstadt vorteilhaft erscheinen mag, gleichzeitig intensiv hinsichtlich ihrer Wirkung auf die Altstadt geprüft werden muß, ein oft konfliktträchtiges Unterfangen.

3.2 Dienstleistung

In den 90er Jahren haben eine Reihe wichtiger Dienstleister wie Sparkassenhauptverwaltung, Landeszentralbank und Arbeitsamt ihren bisherigen Standort Altstadt verlassen. Auch das Finanzamt wird noch folgen.

Andererseits bevorzugen gerade Anbieter gehobener Dienstleistungen heute wieder verstärkt zentrale innerstädtische Standorte mit

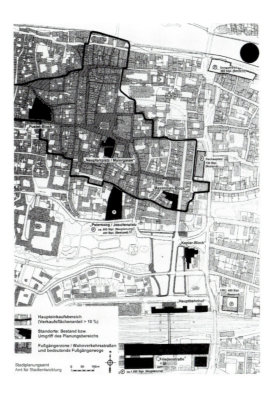

Erweiterungspotential für den Einzelhandel in der Altstadt

großer Nutzungsvielfalt, Repräsentativität und guter Erreichbarkeit. Die vor kurzem eröffnete Hypobankzentrale zwischen Bahnhof und Altstadt ist hierfür Beleg.

Die Regensburger Altstadt ist zwar grundsätzlich als klassischer Dienstleistungs- und Bürostandort mit einer Reihe denkmalpflegerischer und städtebaulicher Restriktionen konfrontiert. Sie besitzt jedoch anderseits als Identifikationsträger der Gesamtstadt einen hohen Imagewert. Vor allem für hochwertige Dienstleister wird sie daher auch in Zukunft ein gesuchter Standort sein. Entsprechende Flächenangebote sind dabei bevorzugt in den Randbereichen der Altstadt durchaus vorhanden.

Insbesondere das sogenannte Solar-Quarter auf dem unteren Wöhrd wird ein Angebot sein, das alle Vorgaben und Bedingungen eines hochwertigen zentralen Dienstleistungsstandortes erfüllt. Unter Einbeziehung aller Gesichtspunkte einer ressourcenschonenden Energieversorgung soll auf der rund 20 Hektar großen Donauinsel ein modernes Wohn- und Dienst-

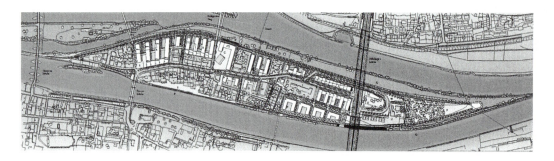

Solar-Quarter am Unteren Wöhrd

leistungsquartier entstehen mit einem Investitionsvolumen von rund 400 Mio. DM. Die Maßnahme ist im übrigen auch als Projekt der Expo 2000 anerkannt.

3.3 Kultur- und Fremdenverkehr

Die Altstadt ist mit ihren Theatern, Museen, zahlreichen Veranstaltungen und sonstigen Angeboten das unstrittige Kulturzentrum Regensburgs. Nicht umsonst hat auch der Neubau eines Multiplex-Kinos südlich des Bahnhofs einen engen Konnex mit der Altstadt gesucht.

Diesen kulturellen Rang der Altstadt wird die anstehende umfassende Erneuerung des Stadttheaters weiter festigen. Gleiches gilt für die Privatsanierung des Velodroms. Ein wichtiger bürgerlicher Veranstaltungssaal der Jahrhundertwende wurde hier nach langem Leerstand wieder seiner ursprünglichen Nutzung zugeführt. Ganz besondere Zukunftschancen für die Regensburger Altstadt werden sich jedoch mit dem lange verzögerten, aber nunmehr wieder konkret geplanten Bau einer Stadt- und Kongreßhalle eröffnen. Bislang vergebene Marktanteile für kulturelle Großveranstaltungen sowie im Tagungs- und Kongreßwesen können dann endlich realisiert werden.

Der Fremdenverkehr stellt bereits heute mit über 500.000 Übernachtungen, mehr als 1,5 Mio. Tagesgästen und einem geschätzten Jahresumsatz von über 100 Mio. DM einen bedeutenden Wirtschaftsfaktor dar, der zu einem erheblichen Teil Betrieben in der Altstadt zugute kommt. Die Möglichkeit, auch den Fremdenverkehr weiter auszubauen, sind aber noch keineswegs ausgeschöpft. Ein Beispiel dafür ist die stete Zunahme der überörtlichen Passagierschiffahrt auf der Donau. Immer mehr Schiffe legen hier zu einem Tagesbesuch der 2000jährigen Stadt an.

3.4 Aufenthaltsqualitäten und Imagepflege

Die Stadt Regensburg hat 1983 einen umfassenden Gestaltungswettbewerb durchgeführt, der alle wesentlichen Plätze und Straßenräume der Altstadt umfaßte. Nach dem Ergebnis dieses Wettbewerbs wurden seitdem vor allem die sogenannte Platzfolge mit drei aneinandergereihten wichtigen historischen Plätzen im Bereich des Rathauses, die Gesandtenstraße sowie ein Teilabschnitt des Donauufers neu gestaltet.

Konzert im Justitiahof

Solokonzert im Innenhof des Arkadenhofs

Diese Maßnahmen haben zusammen mit gleichzeitigen Verkehrsberuhigungen bereits entscheidend dazu beigetragen, die Attraktivität und den Erlebniswert der Altstadt zu erhöhen.

Bereits abgeschlossen ist die Umgestaltung des Neupfarrplatzes. Durch seine zentrale Lage im Einkaufsquartier Stadtmitte kommt diesem Platz auch funktionell eine Sonderstellung zu. Nach Abschluß des Umbaues wurde auf dem Neupfarrplatz ein ständiger Tagesmarkt eingerichtet.

Ein wichtiger weiterer Baustein, die Aufenthaltsqualitäten des historischen Stadtzentrums zusätzlich zu verbessern, ist die Einführung erdgasbetriebener Altstadtbusse seit Mai 1998. Die großen Gelenk- und Standardlinienbusse umfahren nunmehr tangential die Altstadt und belasten nicht mehr die teilweise engen verkehrsberuhigten Bereiche und Fußgängerzonen.

Umgestaltungen von Straßen und Plätzen oder sonstige, z. B. verkehrliche Maßnahmen reichen jedoch alleine nicht aus. Hinzu kommen müssen attraktive Geschäfte mit vielfältigem und qualitätvollem Sortiment, besonderer Fachberatung und gutem Kundendienst, außerdem entsprechende kulturelle Angebote und sonstige Veranstaltungen. All dies zusammen bestimmt letztlich, wie ein Standort von der Bevölkerung gesehen und angenommen wird.

Nach aktuellen Umfrageergebnissen wird hier die Aufenthaltsqualität, Angebotsvielfalt und der Erlebniswert der Regensburger Altstadt auch im Vergleich zu anderen Städten überaus positiv bewertet. Dieses gute Image des historischen Zentrums gilt es auch künftig zu bewahren und weiter zu festigen. Das bedarf jedoch des ständigen Bemühens aller Beteiligten.

Deshalb wurde beispielsweise auch die Einführung der Altstadtbusse mit einer breit angelegten Werbekampagne mit dem Motto: „Die

Haidplatz

Haidplatz

Schaubild der
Neupfarrplatzgestaltung

Altstadt neu erfahren" verbunden. Diese Werbekampagne hat nicht nur zum bisherigen Erfolg der Altstadtbusse, sondern darüber hinaus dazu beigetragen, die Entwicklung von Handel, Dienstleistung und Gewerbe im Stadtzentrum weiter voranzubringen.

Armin Mayr
  Regensburg, im Juni 1998

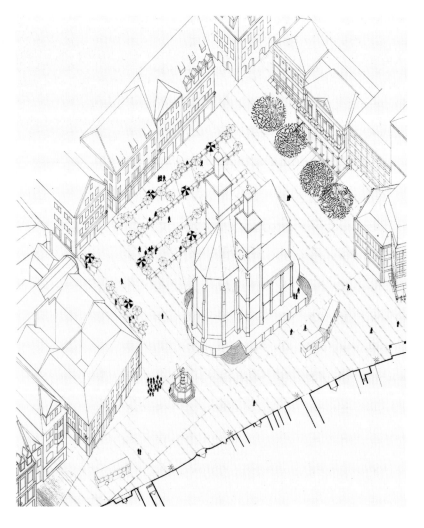

Isometrie des neuen Neupfarrplatzes

Funktionsverlust und Funktionsentwicklung historischer Altstädte

Das Beispiel Stralsund ■ CARSTEN ZILLICH

Vorbemerkung

„Seit der Wende Ende 1989 ist die Situation in den ostdeutschen Bundesländern und den dortigen Städten durch gewaltige Umbrüche, Umstrukturierungen und Modernisierungserfordernisse gekennzeichnet. Kommunale Probleme und Aufgaben, die in Westdeutschland in den 60er, 70er und 80er Jahren zeitlich nacheinander auftraten, sind in ostdeutschen Städten vielfach alle zur selben Zeit vorhanden; bei gleichzeitiger Veränderung der meisten wirtschafts-, gesellschafts- und sozialpolitischen, rechtlichen und administrativen Strukturen und Prinzipien."[1] Dieser tiefgreifende Transformationsprozeß, der sowohl mit erheblichen Verlusten als auch Gewinn von Funktionen einhergeht, charakterisiert zutreffend die Situation der historischen Altstadt Stralsund. „Nichts", so wird gesagt, „ist mehr so, wie es einmal war."

1.0 Die vorhandene Situation

Stralsund ist ein Prototyp für die Entwicklung einer strukturschwachen Mittelstadt nach der Wende. Die Werft- und Garnisonsstadt der DDR-Zeit mit dem desolaten Flächendenkmal Altstadtinsel wandelt sich allmählich unter großen Problemen zur Dienstleistungsstadt. Zentrum ist und soll die historische Altstadt sein, die nach den Vorstellungen der Hansestadt Stralsund als Weltkulturerbe erhalten, erneuert und entwickelt werden soll.

Die tabellarisch zusammengestellten Daten auf der folgenden Seite charakterisieren den Transformationsprozeß und die Strukturschwäche.

Luftbild Stralsunds von Südwesten

Der Verlust von etwa 16 % der Einwohner seit der Wende, eine Arbeitslosigkeit von über 20 %, sowie die periphere Lage und die unzulängliche verkehrliche Erreichbarkeit sind signifikante Kennzeichen der gegenwärtigen Schwäche der Hansestadt Stralsund. Eingebettet in diese generelle Schwäche ist das Sanierungsgebiet Altstadtinsel, das zudem durch eine spezifische Strukturschwäche gekennzeichnet ist. Die Einwohnerzahl ist extrem niedrig, und sie nimmt immer noch ab.

Das Einkaufszentrum Altstadt bedient landesweit den prozentual geringsten Anteil an regionaler Kaufkraft. Der Besucher begegnet Verfall und Aufbau, Leere und Fülle, Primitivität und Ambiente der Spitzenklasse. Das Sowohl-Als-Auch, das Einerseits-Andererseits ist typisch. Der Schatz und das Potential der Altstadt fordern

Strukturdaten (11. Juni 1998)	1990	1997
Einwohner (EW)		
Gesamtstadt	72.780	63.031
Altstadt	5.827	3.241
Wohnungsleerstand		
Wohneinheiten (WE) Altstadt	ca. 950	ca. 1.550
Erwerbstätige		
Gesamtstadt	38.180	27.871
Arbeiter	50,9 %	44,4 %
Angestellte	47,8 %	55,6 %
Arbeitslosigkeit		
Gesamtstadt	ca. 12 %	21,4 %
Übernachtungen		
Gesamtstadt	52.841	204.290
Verkaufsraumfläche		
Nahbereich	33.800 qm	184.243 qm
Altstadt	15.680 qm	19.670 qm
Fläche pro Einwohner	0,2 qm	2,9 qm

dessen Entfaltung heraus und sind damit Chance und Last zugleich.

Noch so große Anstrengungen, das Stadtdenkmal zu erhalten, zu erneuern und zu entwickeln, kommen viel zu langsam voran, nicht zuletzt deswegen, weil die Altstadt in einem langwierigen Prozeß immer wieder Funktionen verloren hat und viel zu wenig ausgleichende, neue Funktionen hinzugewonnen werden konnten.

Grundvoraussetzung für die Erhaltung von Baustrukturen, seien es der Stadtbau oder das Gebäude, ist deren Nutzung. Fehlt eine Nutzung, hilft letzten Endes kein Erhaltungsgebot. Es ist nur eine Frage der Zeit, wann der Verschleiß soweit fortgeschritten ist, daß eine Erhaltung offensichtlich unzumutbar wird und z. B. einem Abbruchantrag stattgegeben werden muß. Daher ist es das zentrale Thema der Altstadtsanierung, das entleerte Stadtgehäuse wiederzubeleben. Es geht darum, eine angemessene Nutzung zu finden, um über Funktionsgewinne die Altstadt zu retten. Das wäre letzten Endes die beste Denkmalpflege. Der lediglich abwehrende oder ausschließlich bewahren wollende Denkmalschutz greift in Stralsund aufgrund der besonderen Bedingungen zu kurz.

2.0 Altstadt-Funktionen in Vergangenheit und Gegenwart

Der Prozeß des Verlustes von Funktionen hat historische Dimensionen und soll kurz typisierend skizziert werden.

Bis vor gut 100 Jahren (Entfestung 1873) war die Altstadtinsel die eigentliche Stadt, in der alle städtischen Funktionen konzentriert waren. Außerhalb der Altstadtinsel begann das Land. Die wertvolle städtebauliche Grundstruktur wurde in der Blütezeit der Hanse im 14. Jahrhundert ausgeformt. Der Bedeutungswandel der ehemals führenden Hansestadt zu einer Provinzstadt ohne große Entwicklungskraft sowie der durch die Festung gesetzte enge Rahmen führten dazu, daß die mittelalterlich geprägte Altstadt dem funktionalen Bedarf entsprechend immer wieder umgebaut wurde.

Die ab dem 17. Jahrhundert schwachen Kräfte und die engen Rahmenbedingungen führten zu kleinen Schritten in der fortlaufenden Stadt- und Gebäudeerneuerung. Dadurch entstanden vielfach gestörte Baukonstruktionen. Der schlechte Baugrund und der echte Hausschwamm, der in Stralsund besonders gute

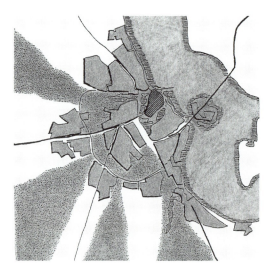

Die zukünftige Gestalt der Stadt als Ganzes. Die Hansestadt am Strelasund, das Tor zur Insel Rügen

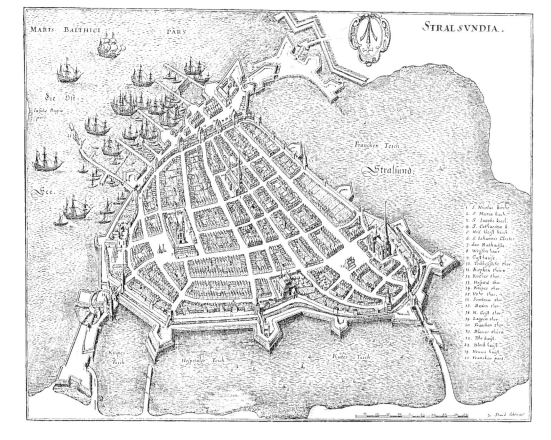

Das historische Erbe der erhaltenen Denkmallandschaft Altstadtinsel bestimmt das Entwicklungskonzept (Kupferstich nach Johannes Staude in Matthäus Merians „Cosmographia" von 1650)

Lebensbedingungen vorfindet, trugen ihren Teil dazu bei. Festzustellen ist, daß die Altstadtsanierung es prinzipiell mit keiner guten Bausubstanz zu tun hat. Seit gut 100 Jahren prägte der Auszug von Funktionen aus der Altstadt in die Vorstadt zunehmend die Stadtstruktur, insbesondere für das Wohnen und Arbeiten. Dieser Prozeß verstärkte sich in der DDR-Zeit, außerdem unterblieb weitestgehend die laufende Instandsetzung. Immer mehr Häuser wurden unbewohnbar und aufgegeben. So verkümmerte die Altstadt zum Wohnstandort für soziale Problemhaushalte. Zentrale Funktionen folgten den Einwohnern in die Vorstädte. Der Prozeß der generellen Entleerung der Altstadt erreichte mit der Wende seinen Tiefpunkt.

Die Wende offenbarte einen riesigen Nachholbedarf auf allen Gebieten. Das an westlichen Leitbildern orientierte Sanierungsziel unterstellte eine funktionale Aufwertung der Altstadt. Zügig sollte sie zur City und zum attraktiven Wohnstandort entwickelt werden. Das Leitbild war das multifunktionale Stadtzentrum, durchaus auch im Rückblick auf die historischen Stadtqualitäten, allerdings unter Beseitigung der städtebaulichen Mißstände. Dementsprechend stellte der städtebauliche Rahmenplan als Entwicklungsziel großflächige Kern- und besondere Wohngebiete heraus. Die riesige und dringende Nachfrage nach Wohnungen sowie nach Versorgungsflächen für den Einzelhandel und sonstige Dienstleistungen wurde an den Standorten gedeckt, wo problemlos Bauflächen angeboten werden konnten. Das Land wurde urbanisiert und die „Zwischenstadt", wie Thomas Sieverts es nennt, begann, den Stadt-Land-Gegensatz aufzulösen und breitet sich als neue Stadtform aus.[2]

Der ersehnte Entwicklungsdruck tobte sich zum größten Teil auf der grünen Wiese am Stadtrand aus, und zwar innerhalb und außerhalb der Stadtgrenzen. Er wurde durch Steuerabschreibungen staatlich gefördert. Noch fehlte die Landes- und Regionalplanung, um den Aktivitäten auch der kleinsten Gemeinde und der skrupellosesten Investoren einen ordnenden Rahmen zu setzen. So wurden die sich neu etablierenden Kommunen mit der komplexen Entwicklungsproblematik alleingelassen.

Funktionslose Gebäude warten auf ihre Wiederbelebung, z. B. das Getreidesilo auf der Hafeninsel und die Kirche St. Jakobi (geplante Nutzung: Kultur- und Stadtkirche)

Die Hansestadt Stralsund sah sich nach der Wende als blühende Stadtlandschaft mit wachsender Einwohnerzahl auf dem schnellen Weg zum Westniveau. Sie vertraute der großen Politik und ihrem großen Entwicklungspotential. Dementsprechend wurde die Gefährdung der Altstadtentwicklung durch eine forcierte Siedlungstätigkeit am Stadtrand erst dann voll erkannt, als bereits die strukturverändernden Weichenstellungen unumkehrbar eingeleitet waren. Umsteuerungsversuche setzten relativ früh ein, sie schlugen aber nur allmählich durch. Im nachhinein kann man wohl die Kommunalwahl von 1994 am ehesten als den Zeitpunkt benennen, von dem ab die Gefahren für die Sanierung der Altstadt aufgrund einer ungezügelten Entwicklung am Stadtrand erkannt wurden und zu einem veränderten Agieren führten.

Heute ist der Aufschwung in der Altstadt unübersehbar. Gleichzeitig müssen jedoch ihre gravierenden Mängel und vor allem ihre große Funktionsschwäche festgestellt werden. Noch immer ist es nicht gelungen, den negativen Trend in der Entwicklung der Einwohnerzahlen der Altstadt umzukehren. Noch hat das Zentrum prozentual einen viel zu geringen Anteil an der Verkaufsfläche der Gesamtstadt im Vergleich zu den anderen Städten im Land. Das wiegt besonders schwer, weil die Kaufkraft hier im bundesweiten Vergleich besonders niedrig ist.

Es ist im Sektor Tourismus bisher nicht gelungen, die Altstadt so attraktiv zu machen, daß Zuwachsraten, wie etwa auf der Insel Rügen, erreicht worden wären. Der Aufschwung ist zwar

Einzelhandelsstruktur Stralsund (Quelle: GWH-Erhebung 1995)

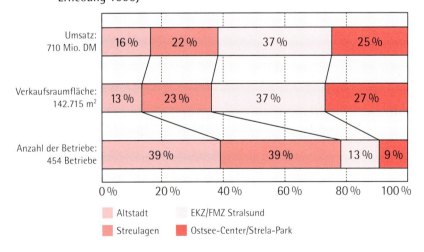

da, aber er trägt sich noch nicht selbst. Der Rahmen für die gewünschte Entwicklung ist definiert, aber es stellen sich zu wenig Entwicklungskräfte ein, die diesen Rahmen ausfüllen oder ausgestalten möchten. Allerdings ist es gelungen, für die wirtschaftliche Entwicklung der Gesamtstadt wichtige Vorhaben zu realisieren. Mit der Privatisierung der Werft, der Ansiedlung der Marinetechnikschule, der Fachhochschule und der Bundesversicherungsanstalt für Angestellte (Ziel 2.000 Arbeitsplätze) sind Motoren der Stadtentwicklung gewonnen, die auch die Rahmenbedingungen für die Altstadt verbessern.

Die Stadt ist auf dem Weg, sich zum Dienstleistungsstandort zu wandeln, schon ein erhebliches Stück vorangekommen. Dementsprechende Funktionsgewinne wirken sich bereits positiv auf die Altstadtentwicklung aus. Hauptschwachpunkt für die Gesamtstadtentwicklung bleibt zunächst die schlechte Erreichbarkeit. Erst für das Jahr 2003 wird die Fertigstellung der Umgehungsstraße erwartet. Die große Lösung für die Rügen-Anbindung von der Autobahn A 20 ist zwar dringend erforderlich, aber es zeichnet sich noch keine Lösung ab.

Städtebauliches Strukturkonzept Altstadtinsel zur Funktionsentwicklung

einen wirtschaftlichen Zuwachs begünstigen kann und damit Kräfte für die Altstadtsanierung freisetzt. Das kulturelle Engagement von Bürgern ist die Grundlage für die Erhaltung der Denkmal-Stadt-Landschaft Altstadtinsel Stralsund. Selbstbewußt hat sich die Hansestadt Stralsund von westlichen Vorbildern verabschiedet und vertraut auf die eigene Kraft zur Innovation.

3.0 Strategien der Funktionsentwicklung

Ein konzertiertes Agieren für die Altstadt zeigt sichtbare Erfolge und verbesserte die Basis für Funktionsgewinne und damit für eine Wiederbelebung des Herzens der Stadt. Die Strategie wurde und wird aus der spezifischen örtlichen Situation heraus entwickelt. Sie ist in der Vergangenheit verankert und gleichwohl zukunftsorientiert.

Ziel ist die Entwicklung einer Denkmal-Stadt-Landschaft, nämlich als Denkmalstadt, Stadtlandschaft und als lebendiger Stadtkern der von Wasser und Grün umgeben ist. Es gilt, eine einzigartige Kulturstadt und Stadtkultur zu entfalten. Die Kultur wird als animierender Standortfaktor und Leitnutzung gesehen, die

Die Handlungsfelder mit einer Schlüsselrolle für den angestrebten Funktionsgewinn sind:
- die Stärkung der Zentralität vor allen in der Kernzone,
- die Entwicklung des Wohnstandortes und
- die Angebote für die Freizeitgesellschaft, vor allem am Wasser.

Sie forcieren sich in den Begriffen und Orten Kern-, Wohn- und Wasserstadt. Das sind auch die Themen, unter denen schwerpunktartig die Konzeption für eine Entwicklung der Funktionen dargelegt werden soll. Daneben ist die Verkehrsentwicklung ein wichtiges Thema. Sie wird hier vernachlässigt.

3.1 Die Kernstadt

Vor Weihnachten 1997 wurde die neugestaltete Fußgängerzone eröffnet. Ihr im Krieg zerstörter Mikro-Standort am Hauptwegekreuz in der Stadtmitte wurde inzwischen mit zwei Neubauten aktiviert, und zwar mit dem multifunktionalen Gebäude „Löwensches Palais" und dem Textilkaufhaus „Peek & Cloppenburg".

Ostkreuz und Fußgängerzone Ossenreyerstraße

Der Rückschlag von 1995 durch die unerwartete Schließung des Horten-Warenhauses soll dadurch überwunden werden, daß das gesamte Quartier, in dem das ehemalige Warenhaus liegt, durch den Einzelhandel vitalisiert werden soll. In diesem Vorhaben wird ein Schlüsselprojekt für die Entwicklung des Einkaufszentrums Altstadt gesehen. Parallel dazu wird die Erweiterung eines Kaufhauses in der Stadtmitte vorbereitet. Ende 1999 sollen beide Vorhaben realisiert sein.

Der städtebauliche Rahmenplan sah große Teile der Altstadt als Einkaufszentrum (Kerngebiet) vor. Inzwischen konzentriert sich der Plan der Haupteinkaufszone auf die neue Fußgängerzone. Durch ein Förderprogramm für die Fassadengestaltung soll das Ambiente der Haupteinkaufszone schöner werden. Die Verbesserung der Aufenthaltsqualität und die Belebung der zentralen öffentlichen Räume wird nach dem Umbau der Fußgängerzone durch Maßnahmen auf den beiden Marktplätzen und den an-

Moderne Architektur am Ostkreuz, dem Mittelpunkt der Kernstadt

schließenden Grünflächen um die beiden Kirchen fortgeführt.

All diese Maßnahmen dienen dem Ziel, eine urbane Achse „Alter Markt" – „Neuer Markt" zu entwickeln. Sie soll in der einen Richtung ihre Anbindung zum Bahnhof finden, der als Unterzentrum und wichtigster Verkehrsknoten ausgebaut wird. In der anderen Richtung soll sie ihre Fortsetzung bis zum Theater und zur Promenade am Meeresarm Strelasund finden. Die Entwicklung der Kernstadt konzentriert sich also auf diese Schwerlinie der Altstadt. Sie bietet den Erlebnis-Dreiklang Bastionen – Teichlandschaft, Urbanität und Meer. Dementsprechend werden diesem Bereich auch kulturelle Schwerpunkteinrichtungen zugeordnet. Hier sind vor allem der Museumsstandort Katharinenkloster und die Kulturkirche St. Jakobi zu nennen, die dritte der drei großen Kirchen.

3.2 Die Wohnstadt

Unmittelbar nach der Wende wurde mit der Sanierung des Heilgeistklosters und des Neubaus eines Wohnhauses mit Geschäft hoffnungsvoll die Zielstellung angegangen, die Altstadt vor allem als Wohnstadt zu entwickeln. Insbesondere die ungeklärten Grundstücksverhältnisse bremsten diesen Ansatz. Mit einer Verkaufsoffensive städtischer Grundstücke, die 1997 gestartet wurde, und mit der Neubebauung eines weitgehend zerstörten Quartiers neben dem Heilgeistkloster wurde dieser Ansatz entscheidend verstärkt (Baubeginn 1996).

Inzwischen wird die Neubebauung eines weiteren Wohnquartieres vorbereitet (westlich der St. Jakobikirche), je zwei Projekte für Studentenwohnheime und für das betreute Wohnen von Alten werden vorbereitet. Daneben wurden und werden in den meisten Maßnahmen der Gebäudesanierung Wohnungen neu gestaltet. Wenn dennoch bisher relativ wenig Wohnungen in der

Wohnen im sanierten Heilgeistkloster und im Neubauquartier 53

Altstadt geschaffen wurden, so liegt ein Grund darin, daß die Kosten für Wohnraum in der Altstadt durchweg wesentlich höher anzusetzen sind als auf der grünen Wiese. Auch hat das Wohnumfeld zur Zeit noch nicht die Qualität, die es für den normalen Bürger interessant erscheinen läßt, in der Altstadt zu wohnen. Um den normalen Stralsunder in die Lage versetzen zu können, seine Wohnung in der Altstadt zu bauen, wird zur Zeit ein modellartiges Genossenschaftsbauprojekt vorbereitet und realisiert, und zwar für drei denkmalgeschützte großbürgerliche Giebelhäuser in der Frankenstraße.

Seit 1997 wird versucht, über eine formulierte Wohnungsbaustrategie für die Gesamtstadt die Wohnbautätigkeit in der Altstadt zu fördern. Der Leerstand von 1/3 aller Wohnungen in der Altstadt und die riesigen Baulücken sind Anlaß, die Wiederbesiedlung der Wohnquartiere zu einem zentralen Thema der Stadtentwicklung zu machen.

3.3 Die Wasserstadt

Das einzigartige Stralsund-Thema ist die Erneuerung und Entwicklung der Wasserstadt.

Luftbild von Osten, im Vordergrund die Wasserstadt

Die Straßen am Hafen und die Hafeninsel, also die seit dem Mittelalter auf den Hafen bezogene Nutzungszone, prägen diesen Bereich. Die erst Ende des 19. Jahrhunderts vor der barocken Festung im Wasser erbaute Hafeninsel war in der DDR-Zeit für den normalen Stralsunder Bürger als Sperrgebiet unerreichbar.

Völlig heruntergewirtschaftet und weitgehend funktionslos wartet sie seit der Wende auf ihre Entwicklungschance. Mehr als 100 Mio. DM wurden seitdem in die Hafen-Verkehrsanlagen investiert. Erst 1996 erfolgte der Anschluß an die Abwasserkanäle. Seitdem ist die Erschließung im baurechtlichen Sinne hergestellt und gesichert. Damit sind von der öffentlichen Hand die Voraussetzungen geschaffen, hier mit privater Initiative zukunftsfähige Nutzungen anzusiedeln. Bisher haben nur kleine mittelständische Bauvorhaben den Auftakt für eine Wiederbelebung des aufgegebenen Gewerbehafens gegeben. Die üblichen Investorenansätze einer Projektentwicklung im großen Stil ohne wirkliche Innovation sind bisher gescheitert. Offensichtlich rechnet sich die marktgängige Nutzung hier nicht.

Die größte Herausforderung stellt die Nutzung der leeren Speicher und Silos dar. Von den denkmalgeschützten Silos mit ihren vertikalen Kammern ist die Silhouette der Stadt prägende äußere Hülle. Die inneren Strukturen müssen größtenteils ausgeräumt werden, um eine neue Nutzung einrichten zu können.

Der Verfall und die Entwicklung der Hafeninsel wurde immer wieder zum öffentlichen Thema. Es wurden unterschiedlichste Planungsansätze diskutiert. Wiederholt wurden die Rahmenbedingungen für die städtebauliche Entwicklung konkretisiert. Grundbesitzer jedoch blockierten mit völlig unrealistischen Preisvorstellungen die angestrebte zügige Entwicklung. Inzwischen ist die Funktion der Hafeninsel näher bestimmt. Hier soll der Stadtbereich für die Freizeitgesellschaft entwickelt werden. Es kann und soll also ein völlig neu strukturierter Dienstleistungsstandort entstehen. Die schillernden Nutzungen und Erscheinungsformen dieses Sektors des gesellschaftlichen Lebens sind in Stralsund bisher nur in kleinen Ansätzen erkennbar. Auf der Insel Rügen hingegen etablieren sie sich zunehmend. Die einzige Ausnahme in Stralsund stellt das regionale Sport- und Freizeitzentrum dar, das mit einem Investitionsvolumen von über 50 Mio. DM am westlichen Stadtrand errichtet wird. Als dieses Investorenprojekt 1992 entwickelt wurde, war kein innerstädtischer Standort verfügbar.

Hauptmotor in dieser Zielstellung wird der geplante Neubau eines Teilstandortes für das Deutsche Museum für Meereskunde und Fischerei. Als sogenanntes „Leuchtturmprojekt" des Bundes kann und soll es eine Schrittmacherfunktion übernehmen. Als Standort ist der mittlere Baublock vorgesehen. Dieses Projekt wird im Zusammenhang mit der Neuordnung des Teilstandortes Katharinen-Kloster im Stadtkern gesehen. Beispielhaft verknüpft dieses Projekt die Entwicklung der Kern- und der Wasserstadt.

Den Schwerpunkt Freizeit vertreten zusätzlich folgende Entwicklungen:
- Kanäle und Hafenbecken bleiben belebt, auch wenn der Güterumschlag aufgegeben wird.

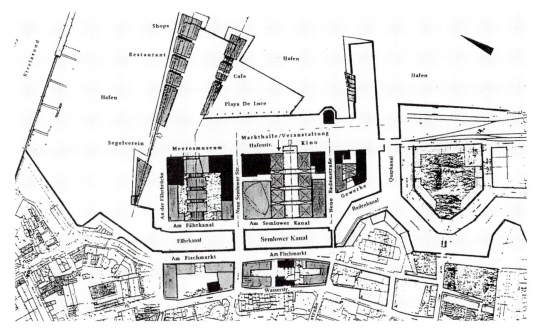

Die Vision der wiederbelebten Hafeninsel, erster Preis im städtebaulichen Ideenwettbewerb von 1996, vorbereitet von Studenten für Studenten deutscher Architektur-Hochschulen (K.-L. Rösinger, N. Palz)

Der Ausbau als Fähr- und Sporthafen führt bestehende Nutzungen fort, in einem „Museumshafen" werden zahlreiche Schiffe ältere und neuere Fischereitechnologien anschaulich dokumentieren.

- Die historischen Gebäude und die Bauflächen der Hafeninseln neben dem Meeresmuseum ziehen auch mehr und mehr Investitionswillige an. Silos und Speicher sind für unterschiedlichste Freizeitnutzungen gefragt, kleinere Häuser werden zunehmend gastronomisch genutzt.
- Ladestraßen und Kaiflächen werden zur „Freiluftbühne", erfolgreich wurden bereits „Open-air-Veranstaltungen" wie Feste, Jahrmärkte, Theater, Konzerte oder Sportveranstaltungen durchgeführt, vielfältige Aktivitäten können daran anknüpfen.

Der maritime Erlebnisbereich Hafeninsel in der Wasserstadt erhält seine Einzigartigkeit aus der Nachbarschaft zum hansischen Weltkulturerbe. Wie im Mittelalter wird sich die Altstadt wieder dem Wasser zuwenden und Entwicklungskraft aus ihrem Hafen schöpfen. Diese maritime Multifunktionalität soll zum eigentlichen Bedeutungszuwachs der Altstadt führen. Mit dem Freizeitstandort Hafeninsel kann und will Stralsund einen oberzentralen Magneten entwickeln, nicht nur für die Region, sondern auch für Menschen, die sich Freizeitgesellschaft leisten können und wollen.

Die Entwicklung der Hafeninsel stellt das Schlüsselprojekt für eine nachhaltige Entwicklung der Altstadt dar. Hier zeigt sich am deutlichsten ein neuer Ansatz zur Projektentwicklung; er geht von der Fragestellung aus, wie kann ich ein großes Potential in einer nachhaltigen Qualität gegen einen Negativtrend durch „Public-private-partnership" für das neue Jahrtausend entwickeln.

4.0 Stand des Planungs- und Entwicklungsprozesses

Das Bedürfnis, die Altstadt zu nutzen oder gar in ihr privates Kapital zu investieren, ist angesichts der Größe der Aufgabe extrem schwach. Der nach der Wende erwartete Entwicklungsdruck ist ausgeblieben. Altstadt-Investitionen „rechnen sich" in der Regel nicht, wenn die öffentliche Hand nicht entweder direkt oder indirekt Geld zuschießt. Klar ist, daß die Stadt mit ihren geringen Mitteln nur Akzente setzen kann. Das eigentliche finanzielle Engagement muß von privater Seite erfolgen. Dementsprechend bemüht sich die Stadt, Bürger dazu zu bewegen, ihr Altstadt-Projekt zu entwickeln.

Viele kleine Lebensstil-Projekte „Wohnen in der Altstadt" und „Einkaufen in der Altstadt" wären Bausteine für die Funktionsentwicklung. Besser wäre ein Vorhaben, bei dem es darum geht, daß ein Interessent sich ein Stückchen Altstadt aneignet oder gar baut. Dementsprechend ist es das wichtigste Ziel, die Identifikation des Bürgers, auch des Regionalbürgers, mit der Altstadt zu fördern. Für einen Bürger, der das Herz seiner Stadt liebt, ist es nur noch ein Schritt, sich auch für seine Kommune mitverantwortlich zu fühlen und Bürgersinn zu entfalten, der zum Wohl der Altstadt initiativ wird. In diesem Sinn arbeiten erfreulich viele Initiativen, seien es z. B. der Verein „Rettet die Altstadt" oder eine Gruppe Stralsunder Architekten oder einzelne Bürger. Sie ermutigen und zwingen immer wieder zur Diskussion und fördern damit das Problembewußtsein. Häufig engagieren sie sich auch finanziell. Der Förderverein St. Nikolai stellt z. B. 250.000 DM für die Sanierung des Nordturmes der Kirche als Eigenanteil an der geförderten Maßnahme zur Verfügung.

Die Altstadtentwicklung ist ständig im Gespräch und regt daher an, vom Betrachter zum Akteur in der Stadtsanierung zu werden. Inzwischen gibt es eine lange Warteliste von potentiellen Bauherren, die ein Haus sanieren möchten, aber auf die viel zu geringen Städtebaufördermittel warten müssen. Der Staat ist nicht bereit, den unzumutbaren Mehraufwand für die Erhaltung eines Denkmals oder für die unrentierlichen Kosten gemäß Städtebauförderrichtlinie im notwendigen gesamten Umfang finanziell zu bezuschussen, damit gefährdet er den Erhalt des Stadtdenkmals.

Viele Probleme hat die Stadt mit den Eigentümern, die ihren Verpflichtungen zum Erhalt ihrer Gebäude nicht nachkommen. Im Interesse der Sanierung scheut sie dabei nicht die harte Auseinandersetzung. So mußte im Winter 1997 von der Hansestadt Stralsund eine Aktion „Gefahrenabwehr" durchgeführt werden, um die öffentliche Sicherheit zu gewährleisten. Dabei wurden auf dem Wege der Ersatzvornahme an Fassaden lose Bauteile beseitigt, um ein Herunterfallen in den Straßenraum auszuschließen. Mit der Zielrichtung, notfalls von der Durchsetzung von Geboten des Städtebauförderrechtes Gebrauch zu machen, wurde Kontakt mit Eigentümern aufgenommen, um offensichtliche Probleme zu lösen. Die sich daraus ergebenden komplizierten Schritte werden zugleich animierend und einfordernd angegangen.

Eine wichtige Aufgabe der Stadtplanung ist es, das Potential, das in Standorten, Baulücken oder alten Häusern steckt, in der Form von Testentwürfen und daraus abgeleiteten Rahmenbedingungen zu visualisieren und Laien zu vermitteln. Zu häufig versperren Mißstände, das zu entdecken, was in der konkreten Situation entfaltet und gestaltet werden kann. Dabei helfen auch Studienarbeiten von Architekturstudenten. Da Stralsund Architekten und Architekturstudenten anzieht, werden immer wieder Bauentwürfe an verschiedenen Hochschulen für Stralsund erarbeitet.

Die Diskussion dieser Projekte befördert das Bemühen um Qualität. Häufig haben die Studentenarbeiten einen visionären Charakter. Auch das wird gerne gesehen, weil dem Ort angemessene Visionen wichtig sind, um das tägliche Agieren zu beflügeln. Wenn möglich, werden die Entwürfe ausgestellt, um die Diskussion anzuregen, was daran für Stralsund gut oder schlecht ist. Dem Streit wird nicht aus dem Weg gegangen, weil er, wird er offen und fair geführt, den notwendigen Lernprozeß für alle Beteiligten fördert. So ist das Thema „Entwicklung der Hafeninsel" z. B. immer wieder neu durch Studienarbeiten befruchtet worden.

Die städtebaulichen und gestalterischen Leitbilder sind nicht sehr werbewirksam im städtebaulichen Rahmenplan und in der Gestaltungssatzung versteckt. Diese Planwerke werden zur Zeit wesentlich geändert. Sie werden auf die heutigen Erkenntnisse und Bedürfnisse eingestellt. Für das Genehmigen oder Versagen von Anträgen definieren sie den rechtlich bedeutsamen Rahmen. Sie geben damit dem Interessenten Planungssicherheit. Ihre Verbindlichkeit steht außer Frage. Gleichwohl ist es immer wieder geboten, zur Förderung von Vorhaben von den Möglichkeiten Gebrauch zu machen, Ausnahmen oder Befreiungen zu erteilen. Das fällt z. B. relativ leicht, wenn es sich um die Entwicklung einer für die Altstadt wichtigen Funktion handelt. Insofern wird immer wieder flexibel mit Ihnen umgegangen, um in der Einzelfallgestaltung eine angemessene Lösung zu ermöglichen.

Es ist an der Zeit, die Leitbilder zu überdenken und sie für Laien verständlicher aufzubereiten, damit diese daran mitwirken können, die Planungsziele fortzuentwickeln. An dieser Dienstleistung wird zur Zeit gearbeitet. Die Sanierungsplanung hat in diesem Sinne eine Arbeitsbeschaffungsmaßnahme „Altstadtforum" begonnen. Eine Gruppe von 12 Mitarbeitenden hat die Aufgabe, die Situation und das Potential der Altstadt darzustellen sowie das Altstadtgespräch zu organisieren. Sie arbeitet in Abstimmung mit dem Bauamt, Sanierungsträger und Altstadtmanagement. Letzten Endes wird ein umfassendes Altstadt-Marketing angestrebt. Die vielfältigen Störungen, die sich aus den real vorhandenen Bedingungen ergeben, erschweren jedoch den Prozeß. Insofern geht es zunächst vor allem darum, das Image des Stadtzentrums zu verbessern. Diesem Ziel dient auch, Vorhaben, die noch nicht realisiert werden oder die begonnen wurden, in der Form einer „Schaustelle" dem Bürger zu vermitteln.

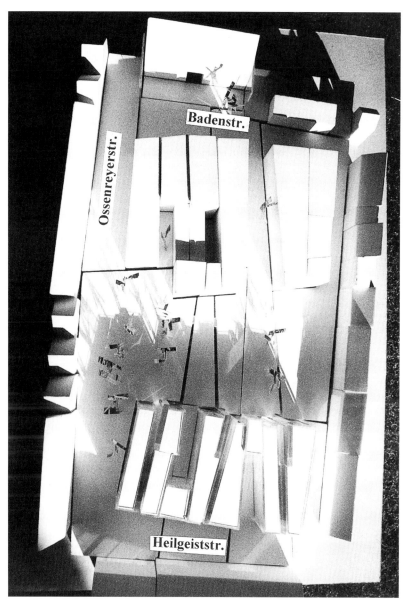

Entwicklungsvorstellungen zu einer Umgestaltung und Teilbebauung des Rathausplatzes, Diplomarbeit J. Hanko 1998

Die Wiederbelebung der Altstadt, der Hinzugewinn von Funktionen ist ein sehr langwieriger Prozeß. Aus diesem Grunde werden Zwischenlösungen angestrebt, die Mißstände provisorisch beheben. Hierbei handelt es sich vor allem um Maßnahmen der Stadtbildpflege und Stadtgestaltung. So ist z. B. daran gedacht, gestalte-

Das Kulturzentrum Altstadt wirbt für Kultur in Ruinen

risch und denkmalpflegerisch wichtige Raumkanten durch Interims-Wände nachzuzeichnen, z. B. durch künstlerisch gestaltete Bauzäune. Brachen und Ruinen sollten so in Ordnung gebracht werden, daß sie nicht stören, sondern einen positiven ruinösen Charme entfalten. Das kann z. B. auch über Feste oder andere Veranstaltungen inszeniert werden. Ziel solcher Inszenierungen ist es vor allem, die Aufenthaltsqualität in Altstadträumen zu erhöhen, damit sich Menschen dort wohl fühlen können.

Ziel ist nicht die Kulissenstadt, aber Kulissen sollen helfen, die Wunden im Stadtbild zeitweise zu schließen. Ist das gewährleistet, ist es zu einer Intensivierung der Nutzung nicht weit. Aus diesen Gedanken ergibt sich, daß es nicht die Absicht ist, ein festes Planungsziel zu formulieren oder gar demnächst zu erreichen. Das langfristige Ziel muß veränderlich sein. Es muß Spielräume eröffnen, um sich auf unvorhersehbare Chancen einlassen zu können. Es darf daher nicht zu scharf focussiert werden. Insofern ist der Weg das Ziel. Es ist vor allem die Frage, wie kommen wir Schritt für Schritt unter bester Nutzung von Entwicklungschancen in Richtung Planziel voran. Den besten Weg dazu eröffnet ein pragmatischer „Inkrementalismus", um in der besonders schwierigen Situation der Stralsunder Altstadt bei der Entwicklung von angemessenen Funktionen voranzukommen.

Die Strategie muß klargestellt sein. Insofern kann es sich bei dem pragmatischen „Inkrementalismus" nur um das taktische und operative Agieren handeln. Daraus ergibt sich kein bequemer Weg von Gefälligkeiten, sondern ein kontrolliertes und immer wieder diskutiertes Vorgehen. Jeder Schritt muß den hohen Ansprüchen einer Stadt, deren Altstadt als Weltkulturerbe anerkannt werden soll, genügen.

5.0 Auf dem Weg zum Zentrum der Region

Die Altstadt stellt als Stadtkern einen Pol des gemeinsamen Oberzentrums Greifswald-Stralsund dar und ist damit Teilzentrum der Region. Die Entwicklung der Funktion der Altstadt wird von der strukturellen Zukunft der Region stark beeinflußt, insbesondere davon, wie sich die Hauptwachstumsbranche Tourismus entwickelt. Traditionell war die Altstadt auch Identifikationsort der Region. Diese Rolle muß immer wieder neu erworben werden. Das geschieht am besten dadurch, daß das funktionale Angebot der Altstadt regionales Interesse auf sich zentriert.

In der Regionalplanung und zwischen den beiden Hansestädten Stralsund und Greifswald wird bereits zum Wohl des Nordostens zusammengearbeitet. Die zentralen Orte und das Umland haben nur gemeinsam eine Chance im Kampf der Regionen, um in der Entwicklung nachhaltiger Schritte voranzukommen. Hier besteht noch ein Potential an möglichen Synergie-Effekten, das aktiviert werden kann, um das Fundament für die Wiederbelebung der Altstadt zu verbreitern. Gelingt es, die Stralsunder Altstadt zu einem Ort der Zentralität und Urbanität zu entwickeln, werden dem Stadtkern entwicklungsfördernde Impulse zufließen.

Möglicherweise ergibt sich aus dem Antrag der Hansestadt Stralsund auf Anerkennung der Altstadt als Weltkulturerbe durch die UNESCO eine intensive Zusammenarbeit mit Wismar und Lübeck. In diesem Fall würde das unmittelbar der Altstadt zugute kommen.

In einem großen Europa der Regionen ergibt sich die Chance, für eine Förderung unserer Entwicklungsziele durch die europäische Union, und zwar als Region Pomerania von Stettin bis Südskandinavien oder als Teilregion Nordost-Vorpommern. Fördermittel würden es sicher erleichtern, den alten Geist der Hanse wiederzubeleben, der sich traditionsbewußt, weltoffen sowie voller bürgerlicher Initiative zeigt und zum gemeinsamen Handeln führt. Eine gesellschaftliche Entwicklung in dieser Richtung wäre der beste Garant für eine nachhaltig funktionierende Altstadt.

Schlußbemerkung

Das Stadtdenkmal repräsentiert eine lange historische Entwicklung von einer Kapitale der Hanse (Stralsunder Friede 1370) zur Mittelstadt. Seine hohe Qualität zeugt von der Innovationskraft und dem hohen Qualitätsanspruch vergangener Stadtgesellschaften. In der jetzigen Entwicklungsphase liegt die Chance, die Funktion der Hansestadt Stralsund neu zu bestimmen. Trotz ihres quantitativ geringen Stellenwertes kann sie im Konzert der Großen im Ostseeraum eine bedeutende Rolle spielen und damit Hansestadt einer neuen Generation werden. Auf diese Hoffnung hin ist die Strategie zur Erhaltung, Erneuerung und Entwicklung der Funktionen der Altstadt angelegt.

Carsten Zillich
Stralsund, im Juni 1998

Index der Fußnoten

1 Heinz, Werner und Scholz, Carola: Entwicklungsplanung in ostdeutschen Städten, Suche nach eigenen Wegen. Berlin, Difu, 1996

2 Sieverts, Thomas: Zwischenstadt: zwischen Ort und Welt, Raum und Zeit, Stadt und Land; Braunschweig, 1999

Einführungsrede

Prof. Dr. Gottfried Kiesow ■ PRÄSIDENT DEUTSCHE STIFTUNG DENKMALSCHUTZ

Verehrter Herr Oberbürgermeister Pohlack,
verehrte Oberbürgermeister der Mitgliedsstädte, verehrte Senatoren und Baudezernenten dieser Städte, sehr geehrte Damen und Herren, liebe Kolleginnen und Kollegen,

die historische Stadt vereinigte alle ihre Funktionen im Kerngebiet innerhalb ihrer Mauern, danach verlagerte sie zunächst die Produktionsstätten für die industrielle Fertigung von Gütern, dann die Versorgungseinrichtungen wie Gas- und Heizkraftwerke, Krankenhäuser, Kasernen und schließlich die mit der Natur verbundenen Wohngebiete mit Villen und Landhäusern und letztlich dann auch Mietshäuser und Arbeitersiedlungen in die Außenbereiche. Eine erste Dezentralisierung, eine erste Ausweitung der Außenbereiche fand also bereits im 19. Jahrhundert statt. Es blieben aber noch genug Funktionen in den historischen Kerngebieten, und erst mit dem Ende des 2. Weltkrieges begann die eigentliche Krise. Sie bestand in der Vernachlässigung der Altbauten seit 1914 in allen Teilen Deutschlands, und man kann den schlechten Bauzustand in den östlichen Teilen Deutschlands nicht ausschließlich der DDR zuschieben als Schuld, denn diese Verwahrlosung ist seit Beginn des 1. Weltkrieges zu beobachten, als eben kein Material, keine Arbeitskraft, kein Geld für die Instandsetzung bereitstand. Nach dem Ende des 1. Weltkrieges begann ja bald wieder eine Aufrüstung, ein neuer Krieg, so daß letztlich 1945 in beiden Teilen Deutschlands die Situation gleich schlecht war. Neben der Verwahrlosung, also der Unterlassung der Bauunterhaltung, war es vor allen Dingen aber auch die fehlende Anpassung an den Wohnkomfort, der jetzt in den Neubausiedlungen ganz stark gestiegen war. Gerade die 20er Jahre haben ja im Wohnungsbau einen großen Fortschritt gebracht, und die Altstädte blieben davon ausgeklammert. In der Nachkriegszeit kamen dann zusätzliche Probleme durch den wachsenden Verkehr, Lärm- und Geruchsbelästigungen. Das alles wirkte sich zu Ungunsten des Denkmalschutzes aus, vor allen Dingen aus durch das verlorene Geschichts- und Heimatbewußtsein, das nach dem Mißbrauch im Dritten Reich eigentlich in Deutschland nicht mehr existierte, denn überall galt die Faustregel „neu ist besser als alt". Die Folge waren dann auch die großen Neubaugebiete im Grünen, in Ost und West in gleicher Weise, im Westen mit sehr vielen Eigenheimsiedlungen, Bungalowsiedlungen, endlos ausgewalzt. Als da der Landverbrauch sehr groß war, kam das Zauberwort von der Verdichtung, und es entstanden dann die Satellitenstädte Nordweststadt bei Frankfurt, in Bremen, bei Bielefeld, man kann diese Liste beliebig fortsetzen. Die Spielart im Osten sind dann eben die Plattensiedlungen geworden. Der Effekt war der Gleiche: die heruntergekommenen Altbauwohnungen boten jenen Komfort nicht, und den suchte man in den Neubaugebieten. Und schließlich kam es dann auch zur Verlagerung von Gewerbebetrieben und Handelseinrichtungen, und leider hat ja sogar das Städtebauförderungsgesetz mit dem ausdrücklichen Programmpunkt „Auslagerung störender Gewerbebetriebe" auch noch vieles Negatives beigetragen, denn nicht alle Gewerbebetriebe, die einmal im 19. Jahrhundert störend waren, sind es auch noch im 20. Jahrhundert. Ich denke mal daran, daß mein Zahntechniker auch ausgelagert wurde im Rahmen der Städtebauförderung in Wiesbaden, und eigentlich hat der niemanden gestört.

In Westdeutschland begann die Wende bereits in den 70er Jahren. Das schon genannte Städtebauförderungsgesetz von 1971 war ein erster Schritt, das europäische Denkmalschutzjahr 1975 bedeutete eine große Aufwertung des historischen Baubestandes, das Konjunkturförderungsprogramm 1975/76, das Zukunftsinvestitionsprogramm 1978–1982, abgekürzt ZIP, ein Wunderwort, auf das wir immer stießen, als wir beim Wettbewerb, der 1976 ausgelobt wurde, vom Bundesbauministerium durch 42 Städte reisten, die als Landessieger für den Bundeswettbewerb benannt waren. Schließlich dann die Steuerpräferenzen, die 1978 vom Deutschen Nationalkomitee durchgesetzt werden konnten, die damaligen §§ 71 i und h des Einkommensteuergesetzes. Daran muß man noch einmal erinnern, das war ein sozialdemokratischer Bundeskanzler, der diese Steuerpräferenzen in das Gesetz eingefügt hat, vielleicht ganz aktuell, sich darauf zu besinnen. Bei gleicher Ausgangslage der beiden deutschen Staaten und ähnlicher negativer Entwicklung in Ost und West, dort also Plattenbauten – bei uns Satellitenstädte, gibt es dennoch einen 15jährigen Vorsprung für die westdeutschen Städte, weil bei uns eigentlich mit dem Jahr 1975 dann das Städtebauförderungsgesetz nicht mehr als Flächensanierung, sondern das neue Zauberwort, es hieß „zur erhaltenden Erneuerung", eingesetzt wurde. Der damalige Wohnungsbauminister Karl Ravens, bei dem ich mich beklagte, daß mit dem Städtebauförderungsgesetz in Hessen in einigen Städten Flächensanierungen vorgenommen waren in Gutensberg, in Laurach, in Dillenburg, antwortete mir, daß das Städtebauförderungsgesetz ein Skalpell sei, das in der Hand des genialen Chirurgen heilt und in der Hand des Pfuschers eben tötet.

15 Jahre Vorsprung also, der westlichen Länder, der westlichen Städte, aber inzwischen ist dieser Vorsprung dank der Leistungen von Bund, Ländern und Kommunen ganz erheblich reduziert worden, ohne daß natürlich ein großer Nachholbedarf nach wie vor festzustellen ist. Der Bund hat für den städtebaulichen Denkmalschutz seit 1991 bis heute, ich habe also 1998 dazugerechnet, 1,6 Mrd. DM bereitgestellt, die Länder denselben Betrag, die Gemeinden 0,8 Mrd. DM, das sind jene 20 %, das macht 4 Mrd. DM für den städtebaulichen Denkmalschutz und die allgemeine Städtebauförderung und andere Programme. Es gab ja extra einen Fonds für Planungen auch noch einmal 4,8 Mrd. DM Summa summarum 8,8 Mrd. DM sind seit 1990 eingesetzt worden. Man kann also davon ausgehen, daß wir damit ca. ein Drittel sowohl zeitlich als auch vom notwendigen Investitionsumfang realisiert haben. Wenn man das nun hochrechnet, müßten wir sagen, nach 8 Jahren hätten wir noch 16 vor uns, dann kommen wir so auf etwa 25 Jahre und kämen so auf etwa 56 Mrd. DM. Wir haben seinerzeit von der Expertgruppe auf 20 Jahre geschätzt 1991 und auf 37 Mrd. DM, also ein bißchen teurer wird es und ein bißchen länger dauert es auch. Das hängt natürlich ab von der zukünftigen Förderung. Das Institut für Regionalplanung und Stadtentwicklung, das ja vom Bundesbauministerium gefördert wird und eine gemeinsame Institution mit dem Land Brandenburg ist, hat eine sehr gründliche Umfrage unter den 123 Städten (die 1997 in der Förderung waren, inzwischen sind es 129, 6 wurden neu aufgenommen) vorgenommen. Danach wurden bisher aus diesen Programmen 4.740 Gebäude gesichert, 6.940 Wohn- und Geschäftsgebäude wurden saniert, also durchgreifend instandgesetzt, 835 Straßen- und Platzräume entstanden. Noch interessanter aber ist folgende Zahl. In den 129 Mitgliedsstädten, die also in der Förderung sind, jetzt nicht Mitgliedsstädte ihrer Vereinigung, sondern der in der Förderung aus der städtebaulichen Denkmalpflege in den östlichen Ländern beteiligten, diese 129 Städte haben eine Gesamtfläche von 6.869 ha, und in den Erhaltungsgebieten dieser Städte leben immerhin 4,4 Mio. Menschen, ohne Berlin. Das heißt, jeder dritte Bürger der östlichen Länder ist betroffen von der Städtebauförderung und von der städtebaulichen Denkmalpflege. Das scheint mir eine sehr wichtige Zahl zu sein. Die Umfrage hat außerdem einen hohen Grad an Zufriedenheit der Städte, die in der Förderung sind, erbracht. Diese Erfolge konnten trotz anfänglicher Schwierigkeiten erreicht werden, und von unserer Expertgruppe haben wir das ja jeweils

schön miterleben können auf den Quedlinburger Tagungen. Jeweils drückte uns eine andere Sorge. Die erste Sorge war noch eine vergleichsweise geringe, die damalige Bauministerin Frau Dr. Schwätzer ermahnte die Städte, die Mittel abzurufen, weil 100 Mio. DM aus diesem Programm nicht übertragbar waren. Es war dieses Programm Aufschwung Ost und sie hatte Angst, daß der Kanzler ihr diese 100 Mio. DM wegnimmt und in den Straßenbau verlagert, da geht es ja wie man weiß immer viel schneller. Das ist dann aber letzten Endes gelöst worden. Das nächste, was uns bedrückte, war die Regelung der Eigentumsverhältnisse. Das stand wie ein Berg vor uns, und natürlich sind da entscheidende Fehler des Gesetzgebers gemacht worden, die bis heute sich negativ auswirken, beispielsweise, daß der Anspruch verkäuflich war, daß man den gegen Geld abtreten konnte. Das hatte beispielsweise in Stralsund schlimme Folgen, Herr Vellguth wird das wissen, aber auch in anderen Städten. Zum Teil haben wir unter den Folgen heute noch zu leiden, das hätte man nie machen dürfen, im übrigen hätte man auch die Fristen etwas knapper legen können. Heute drückt uns das nicht mehr so, denn 1993 waren zwar erst 24 % geregelt, heute sind es bereits 84,89 %, d. h. von 2,2 Mio. Fällen sind 1,8 Mio. entschieden. Und doch bleiben gerade die schwierigsten zurück. Das ist ja immer so, wenn man Beamter war, weiß man das, die schwierigen Fälle im Aktenberg wandern von oben nach unten, und dann langsam kommt man drauf und legt sie wieder nach unten, das nennen wir das Aktenkompostieren, dadurch reifen die Fälle, aber das sind eben die schwierigen. Die Routinefälle werden weggearbeitet, wobei wir ja früher noch die Genugtuung hatten, daß wir wenigstens das merkten, was wir leisteten, wenn wir die Aktenberge abarbeiteten, im Zeitalter der Computertechnik merkt man ja gar nicht mehr, was man leistet. Wie soll man das nachvollziehen, höchstens an den Bytes, die man addieren könnte, von allen Schriftstücken, die man dann eingegeben hat.

Aber ich sehe das jetzt in Quedlinburg, was da noch an ungeklärten Fällen ist, das sind eben die schwierigsten und wenn sie dann noch ein wertvolles Baudenkmal betreffen, kann das tödlich sein. Da gibt es zwei Erbengemeinschaften. Also man sollte die Erbengemeinschaften eigentlich gesetzlich verbieten. Es ist ein Unwesen, und dann noch Baudenkmäler an Erbengemeinschaften, das ist der sichere Untergang, und so ist es hier auch. Bei beiden kennt man einen der Erben, in einem Fall sitzt er im Knast, im anderen ist er hochgradiger Alkoholiker, und die übrigen sind unbekannt. Eine Entscheidung ist wahrscheinlich in den nächsten 20 Jahren nicht zu erwarten. Der damals scheidende Bundesbauminister Töpfer hat uns alle von der Expertengruppe angefleht, doch ein einziges Mal das Modernisierungsgebot anzuwenden. Das ist aber bisher noch nicht geschehen. Für mich ist das ganz unverständlich. Ich gehöre nicht zu den Leuten, die da meinen, man müßte immer mit dem Gesetz auf die Bürger einprügeln, das Gegenteil ist richtig, ich bin der Überzeugung, daß Überzeugung das Wichtigste ist, an zweiter Stelle Hilfe und erst dann, wenn beides nicht funktioniert, kann man mit dem Gesetz kommen. Aber wenn zwei wertvolle Häuser zugrunde gehen, weil die Eigentümer nicht bekannt sind, Löcher in den Dächern sind, die Decken bereits vom Schwamm befallen sind, dann muß man eben auch einmal eine Ersatzvornahme anwenden. Glauben Sie, ich kriege den Landkreis dazu, denen fallen immer neue Ausreden ein. Dann wollen sie es der Stadt zuschieben, die natürlich sagt, wir können das nicht, wir haben den Rechtsapparat nicht, dazu ist ja der Kreis untere Denkmalschutzbehörde und Bauaufsichtsbehörde, und so wird das immer weitergegeben. Ich habe jetzt bei Gericht einen Rechtspfleger beantragt und hoffe, daß man mit dem vielleicht zum Ziel kommt. Ich habe das Beispiel rausgegriffen, weil es symptomatisch ist für eine Reihe von komplizierten Fällen, die uns heute nach wie vor wegen der ungeklärten Eigentumsverhältnisse drücken.

Schließlich kam dann die Sicherung gegen Verfall, ein sehr erfolgreiches Programm, aber das fängt uns jetzt wieder an zu drücken, denn von jenen, ich wiederhole noch einmal die Zahl, 4.740 gesicherten Gebäuden, sind ja noch längst nicht alle saniert. Viele stehen nach 7 bis 8 Jahren baulicher Sicherung immer noch leer, und die Sicherung ist jetzt schon wieder im Begriff löchrig zu werden, d. h. die Dächer werden wieder undicht, der Wind pfeift durch die offenen Dachstühle, man sieht Giebel gefährlich sich neigen. Ich denke an Stralsund, aber auch an Wismar, auch in Quedlinburg habe ich das gesehen, man müßte erneut sichern, das ist volkswirtschaftlich eigentlich nicht zu vertreten. Deswegen müßte jetzt die durchgreifende Sanierung kommen. Was uns dann auch immer wieder bei den jährlichen Kongressen in Quedlinburg drückte und auch heute noch drückt, ist der Eigenanteil der Kommunen, dieses Problem verschlechtert sich eher noch.

Und schließlich die Handelszentren im Außenbereich, bei denen ja, wie man weiß, bereits mehr als 60 % aller Verkaufsflächen in den östlichen Bundesländern im Außenbereich liegen, während es in den alten Bundesländern nur 22 % sind. Aber auch hier in den alten Ländern macht man zusehends Fehler, gerade unsere Nachbarstadt Mainz hat erstens am Mallakow ein riesen Einkaufszentrum gebaut, und zweitens fangen sie jetzt noch den Hauptbahnhof an, ein riesiges ECE-Zentrum zu bauen, und darunter leidet der Einzelhandel doch ganz erheblich. Fragt man sich nach der Rolle der Stadt im 21. Jahrhundert, so habe ich bei Quedlinburg schon die Antwort gegeben, als wir dort diesen Tag des Offenen Denkmals bundesweit eröffneten. Eigentlich stelle ich mir Quedlinburg vor, wie an diesem Tag, zum einen für individuelles Wohnen mit zwischenmenschlichen Beziehungen und kurzen Wegen, zum anderen als Einkaufszentrum der Region. Das funktionierte in Quedlinburg am 13. September gut, weil 30.000 etwa zusätzlich von draußen aus den Erholungsgebieten des Harzes nach Quedlinburg eingeströmt waren. Dieses Einkaufszentrum der Region könnte werben mit den unverwechselbaren Erlebnisräumen einer solchen historischen Stadt, sie braucht die Mischung von Waren- und Kaufhäusern mit dem Einzelhandel, sie braucht aber genauso Kunstgalerien, Buchhandlungen, Kleinkunstbühnen und Gastronomie, um diesen Erlebnisraum zu schaffen. Wenn wir das erreichen, brauchen wir uns um die Zentren auf der grünen Wiese keine Sorgen mehr zu machen, einige von denen sind jetzt schon in Zahlungsschwierigkeiten, und das wird sich fortsetzen. Zu dieser lebendigen Stadt gehören dann auch öffentliche Verwaltung, Schulen, Fachhochschulen (Beispiel positiv Stralsund mit der Marine- und Technikerschule und mit der Verlagerung eines Teiles der Bundesversicherungsanstalt für Angestellte nach Stralsund, das sollte Schule machen). Man muß wirklich nicht alles in den Groß- und Hauptstädten konzentrieren, das geht heute im Zeitalter moderner Kommunikationmittel genauso gut in der Provinz. Und dann ist natürlich der Tourismus wichtig, der Tourismus mit Hotels, Pensionen, Privatzimmern, Ferienwohnungen, hier wird die Stiftung zuerst in Quedlinburg Ferienwohnungen und dann später in anderen Städten schaffen und sie wird für die Expo ein Tourismuswerbeprojekt für die Städte Lübeck, Wismar und Stralsund und für Quedlinburg ausarbeiten. Und schließlich, und das sah man in Quedlinburg sehr schön, eignen sich diese Städte sehr gut als Standort für Fachbetriebe des Handwerks und der Denkmalpflege. Grundsätzlich muß man sich klarmachen, daß wir nur so viele Häuser und überhaupt auch Wohnstandorte erhalten können, wie wir Arbeitsplätze für die Bewohner bereitstellen. Ich fahre durch die östlichen Bundesländer, besonders durch den Kreis Anklam oder Pasewalk, und sehe dort Wohnstandorte, von denen ich mich frage, wer dort nach dem Tod der Rentner, die jetzt diese Städte noch tragen, wohl in 20 Jahren noch leben wird. Wir haben in vielen Teilen der Bundesrepublik zu viel Bausubstanz, und deswegen halte ich es für problematisch, daß wir jede Kasernenanlage in Wohnungen umbauen und daß wir alle Plattensiedlungen mit Wärmeschutz versehen und mit modernen Heizsystemen und mit Außenanlagen; ich meine, das muß man überdenken, ob wir nicht viel gezielter und standortgerechter die Frage auch der Wohnungsbauförderung betreiben. Denn unser größtes Problem im Augenblick ist der Leerstand, der Leerstand ganzer Häuser und auch von Wohnungen in bereits sanierten Häusern. Bei den

Förderrichtlinien, die derzeit für die Städtebauförderung und für den städtebaulichen Denkmalschutz da sind, stellen wir fest, daß bei den großen denkmalgeschützten Bürgerhäusern ein viel zu hoher Eigenanteil beim Eigentümer verbleibt. In Wismar und Stralsund stehen deshalb etwa 50 bedeutende Giebelhäuser und Speicher leer, in Görlitz eine große Zahl von Hallenhäusern, schwer zu schätzen, vielleicht 30 oder 40, in Quedlinburg etwa 50 große Fachwerkbauten, für die ich derzeit eine Aktion bei der deutschen Wirtschaft mache, um Patenschaften für die Förderung einzureichen, um jenen Eigenanteil, die der Eigentümer nicht aufbringen kann, durch so eine Patenschaft aufzubringen. Die Sanierungskosten dieser großen denkmalgeschützten Häuser, die pendeln alle so zwischen 1,5 Mio. und 2 Mio. DM Investitionen. Die Städtebauförderung deckt bestenfalls die Hälfte ab, was schon großartig ist. Aber der verbleibende Teil ist von den Eigentümern nicht aufzubringen. Und deswegen wird von der Förderung meist nur für kleinere und mittlere Häuser diese Förderung in Anspruch genommen und zwar dann nur in der sogenannten Hüllenförderung, d.h. nur für Dach und Fach. Denn bei diesen kleineren und mittleren Häusern kann der Eigentümer mit Eigenleistung oder auch mit Eigenmitteln seinen Anteil aufbringen, aber nicht bei den großen Häusern. Symptomatisch ist das für Wismar, wo die Bürgermeisterin mir die exakten Zahlen geliefert hat, von 1.500 Häusern in der Altstadt wurden bisher 42 Gesamtmaßnahmen und 101 Hüllenförderungen mit der Städtebauförderung durchgesetzt. Das heißt also $2/3$ sind reine Hüllenförderung, und bei nur $1/3$ sind die Häuser durchsaniert, so daß man von ihrer endgültigen Rettung sprechen kann. Denn es ergeben sich natürlich bei diesen bedeutenden Giebelhäusern und besonders bei den Speichern, das gilt auch für die Hallenhäuser, besondere Schwierigkeiten in der Belichtung. Wie will man ein 20 Meter tiefes giebelständiges Haus so belichten, daß man darin wohnen kann? Das sind technische und denkmalpflegerische Schwierigkeiten. Es ergeben sich bei den Speicherbauten Probleme mit den Geschoßhöhen und bei den Hallenhäusern Probleme,

daß das Verhältnis von Nutzfläche zu Verkehrsfläche ungünstig ist, das heißt manchmal sind zwei Drittel Verkehrsfläche und ein Drittel nur Nutzfläche. Für diese Häuser kann man eigentlich nur Liebhaber gewinnen, und es ist zum Teil gelungen, Liebhaber auch aus dem Westen für diese Häuser zu gewinnen, aber diese Lösung wird jetzt sehr stark in Frage gestellt, weil ja, wie Sie der Presse sicher alle entnommen haben, die Steuerabschreibung für Baudenkmäler gemäß § 7 Einkommensteuergesetz von bisher 10 % auf 10 Jahre auf 5 % für 20 Jahre reduziert werden soll. Und diese 5 % sind eigentlich völlig effektlos, denn auch die 20 Jahre helfen da wenig, welcher Bauherr denkt an eine Steuerabschreibung von 20 Jahren, wo er ja gar nicht weiß, wieviel er dann noch verdient. Die ersten 10 Jahre oder wenigstens die ersten 5 Jahre sind wichtig, weil da noch die ganzen Kredite zu tilgen sind, da ist die Belastung am größten, das weiß jeder, der schon einmal ein Bauwerk saniert hat. Nun hat ja der kommende Bundeskanzler im Wahlkampf versichert, daß er sogar mehr tun will für die Lebensverhältnisse in den östlichen Bundesländern, dagegen ist die angekündigte Halbierung der steuerlichen Abschreibung für Baudenkmäler und auch für Wohngebiete im Sanierungsgebiet eigentlich das Gegenteil von dem, was er angekündigt hat. Denn trotz aller sichtbaren Fortschritte bei der Revitalisierung der historischen Stadtkerne gilt es dringlicher denn je, das Problem des Leerstandes von Wohnungen, Büros und Einzelhandelsgeschäften zu lösen. Wir hatten ja bei der Vereinigung Deutschlands die Hoffnung, daß hier die Wohnungen alle begehrt sein werden, weil pro Kopf der Bevölkerung im Westen 36 m² Wohnfläche sind und im Osten 26 m², und dann haben wir uns gedacht, diese 10 m² werden zu einer großen Nachfrage führen. Wir hatten auch gehofft, daß es so eine Aufbruchstimmung gibt, go east, daß junge Leute in den Osten gehen, daß da wieder aus dem Westen frisches Blut reinkommt und die Zahlen wieder steigen. Das Gegenteil ist richtig, und auch unsere Hoffnung, daß Alteigentümer, wenn sie dann nun ihr Haus zurückbekommen haben, da auch hinziehen und dort wohnen, es mit Leben füllen, auch die ist von Einzelfällen mal abgesehen, zunichte. Also wie kriegen wir nun die Menschen in die Städte, um die Häuser zu füllen? Das ist unser allergrößtes Problem. Wenn nun auch noch die Steueranreize praktisch zur Wirkungslosigkeit verurteilt werden, dann müssen wir das Schlimmste befürchten. Hier wird ja leider in Bonn aus der Ferne zur Praxis (da kann man nur hoffen, daß die dann von Berlin aus praxisnäher entscheiden werden), immer alles durcheinander gebracht, die degressive Abschreibung etwa für Fahrgastschiffe, die von vornherein in den Baukosten ein Defizit von 160 Mio. DM hatten, wie jüngst in Bremen, und wo die Abschreibungen dann wirklich nur Steuerersparnis zum Ziel haben, kann man doch nicht in einen Topf werfen mit jenen engagierten Bürgern, die den Leidensweg auf sich nehmen, um ein Baudenkmal zu sanieren. Ich sage das so „den Leidensweg", denn jeder, der das schon einmal gemacht hat, weiß, daß es einer ist, auch wenn am Ende der Lohn natürlich sehr groß, das Ergebnis phantastisch ist, aber es ist ein Leidensweg, auch finanziell, aber auch bautechnisch. Wenn da der Anreiz fehlt, dann wird das böse Folgen haben. Ich meine, hier müsste man unterscheiden zwischen Schlupflöchern, Steuerschlupflöchern, wobei man ja sagen muß, ein von einer sozialliberalen Regierung verabschiedetes Gesetz kann ja wohl kein Steuerschlupfloch sein. Wenn man dieses Wort hört, das ist die Inanspruchnahme eines rechtmäßigen Anspruches, den können Sie sogar einklagen. Also ich würde doch sehr dringlich die Arbeitsgemeinschaft bitten, ihrerseits eine Resolution zu verabschieden, wo man in Bonn nochmals warnt vor diesem Schritt. Man muß dazu auch sagen, wenn man sich das anguckt, dieses große Steuergesetz, übrigens ja noch von der jetzigen Regierung so noch formuliert worden auf dem Petersberg in einem Schnellschuß. Wenn man sich mal die Begründung anguckt, so steht bei allen anderen Gesetzen, was man dabei an Steuermehreinnahmen erzielen will, wenn man die Präferenzen außer Kraft setzt. Hier steht drin, daß es nicht bekannt ist, wieviel Steuereinnahmen man mehr erzielt. Man weiß nämlich eigentlich gar nicht genau, wie groß der Steuerausfall ist. Das ist nämlich auch das Schwierige, weil man ja bei der Steuerabschreibung immer davon ausgehen muß, daß sich das je nach Verdienst nach der progressiven Steuer mal um niedrige, mittlere oder auch höhere Beträge handeln kann. Ich kann aber sagen, in Hessen waren es im Jahr so etwa 30 Mio. DM, wir haben das mal nachgerechnet, wir haben die Einkommen unserer Klienten geschätzt und kamen auf 30 Mio. DM, die durch die Verteilung unserer Bescheinigungen dann als Steuer wegfielen. Wenn man das hochrechnet, Hessen war immer so ein 10-Prozent-Land, heute bei 16 Bundesländern ist es vielleicht noch so ein 7-Prozent-Land, dann kommt man vielleicht maximal auf 500 Mio. DM, die man als Steuermehreinnahmen erwarten kann, wenn man dies Gesetz so reduziert. Und das ist, wenn man mal an die Sondergebietsabschreibung für Anlagen, die sogenannte Afa denkt, die hat eine jährliche Steuereinnahme von 23 Mrd. Und wenn Sie die anderen Gesetze betrachten z. B. jene degressive Abschreibung für Anlagen, dann ist diese Denkmalschutzsteuer ein eigentlich zu vernachlässigender Betrag. Und im übrigen muß man auch darauf hinweisen, diese Steuerpräferenzen werden ja sehr streng kontrolliert. Hier muß der Eigentümer vor Beginn der Maßnahme mit der Denkmalpflege sich abstimmen, und es ist genau festgelegt, wohin die Steuerermäßigungen fließen. Was uns jetzt natürlich auch Sorgen macht, ist, daß möglicherweise, man konnte das der Presse entnehmen, das Investitionszulagengesetz vom 18.8.1997, das am 1. Januar 1997 in Kraft treten soll, daß das jetzt noch einmal in die Haushaltsbilanz einbezogen werden soll. Das ist ja nun das Allerschlimmste, wenn man daran noch einmal rüttelt, denn dieses Gesetz bringt ja endlich auch eine gewisse Gleichstellung zwischen Neubau und Altbau, denn was mich immer geärgert hat, und was ich in Leipzig auch dem Minister Töpfer, der davon ganz nervös wurde, unter die Nase rieb, ist, daß wir ja heutzutage eine Eigenheimzulage von 40.000,- DM für Neubauten haben, bei Altbauten sind es nur 20.000,- DM. Und dann jammern alle über die Stadtflucht und über die Ausweitung der Wohngebiete im Umfeld. Wenn aber der Bund solche Signale setzt und den Alteigentümer des Althauses bestraft und belohnt den Neubau, kann er sich nicht wundern. Hier aber, und das hat das Bundesbauministerium ja erkannt, ist das Signal jetzt anders gestellt, denn nach diesem Gesetz würde eine Investitionspauschale von 15 % in den Altstädten und auch noch mal eine von 15 % für kleine Gewerbefirmen und den Einzelhandel erlassen. Das wäre für die Innenstädte eine großartige Hilfe. In diesem Gesetz ist auch vorgesehen, daß es öffentlich geförderten Wohnungsbau nur noch in Innenstädten gibt, es ist also ein Gesetz, was tatsächlich der Innenstadt sehr helfen wird. Es wäre schlimm, wenn daran jetzt gerüttelt würde, denn dieses Gesetz ist ja ein ganz wichtiger Teil der Hilfe der westlichen Bundesländer für die östlichen. Was uns natürlich außer der Frage der Steuerabschreibungen und der Frage des Investitionszulagengesetzes beschäftigt, ist eben die Frage, wie man mit den großen wertvollen Bürgerhäusern umgehen soll. Hier haben wir Herrn Krautzberger bei seinem Besuch in Wismar den dringenden Wunsch mitgegeben, für wertvolle Bürgerhäuser einen eigenen Fördertatbestand zu schaffen und hier eine erhöhte Förderung vorzusehen. Schwierigkeiten machen uns ja allen auch nicht nur die leerstehenden Wohnungen, sondern die leerstehenden Einzelhandelsgeschäfte, die Schaufenster, die ich in Görlitz sehen konnte am Obermarkt, wo immer die Schilder drin sind „zu vermieten". Hier liegt es natürlich an der Konkurrenz auf der grünen Wiese, aber ähnlich drückt mich auch die Zunahme der Kettenläden, ich spreche da immer von der „Deichmannisierung" der Fußgängerzonen, man könnte auch von der „Schleckerisierung" oder „Krämerisierung" oder „Benettonisierung" sprechen, das kann auch nicht das Ziel sein. Die historische Stadt braucht die im eigenen Haus wohnenden Eigentümer. Sie kann nicht nur von Mietern und von Lohnabhängigen bewohnt werden, der Mittelstand ist für das kommunalpolitische Engagement der Bürger unverzichtbar. Deswegen gilt es darum, eine Abwehr zu machen, die Städte haben mit der Baunutzungsverordnung, mit der Festsetzung von Maximalgrößen der Geschäfte die Möglichkeit, dem privaten Einzelhandel nach wie vor eine Chance zu verschaffen und die allzu große Zunahme der Kettenläden einzudämmen. Der Vorschlag von Herrn Minister Töpfer, die Flexibilisierung der Öffnungszeiten im Handel auf die Innenstädte zu beschränken, sollte erneut diskutiert werden. Die Einrichtungen auf der grünen Wiese könnte man bis 18 Uhr begrenzen und nur verlängerte Ladenöffnungszeiten in den Innenstädten zulassen. Das wäre eine große Hilfe für die Belebung der Innenstadt als Handel. Schließlich werden wir in unserem Memorandum, das die Expertengruppe dann dem neuen Bundesbauminister überreichen wird, auch einen Abbau der bürokratischen Hemmnisse wünschen. Es stellt sich immer wieder heraus, wenn wir Städte besuchen, jüngst in Annaberg-Buchholz, die Städte klagen über den umständlichen Weg, bis das Geld dann wirklich zu ihnen findet. Die Folge sind ja dann auch häufig die hohe Zahl von Insolvenzen im Handwerk, eine sehr liederliche Zahlungsmoral kennzeichnet insbesondere die östlichen Länder, zunehmend aber auch die westlichen. Dies trifft nur die östlichen Handwerker stärker, weil sie kein Kapital zurücklegen konnten. Deswegen muß versucht werden, den Mittelfluß zu beschleunigen. Es zeigt sich, daß gerade die Länder, die noch Mittelinstanzen haben, daß dort offensichtlich das Problem am größten ist. In den Ministerien finden wir auch in Sachsen immer sehr viel Unterstützung, wenn es um die Frage geht, wie kann man Richtlinien noch vereinfachen, wie kann man die Mittelzuweisungen noch beschleunigen, bei Herrn Dr. Riedel in Sachsen kann ich das nur betonen, aber was hilft es, wenn die Ministerien unbürokratisch handeln, und bei den Mittelbehörden hakt es. Hier, meine ich, muß man immer wieder daran erinnern, daß die Städte inzwischen so leistungsfähig sind, daß man ihnen vielleicht auch ein größeres Maß an Eigenverantwortung zuweisen sollte bei der Bewirtschaftung der Mittel, bei der Vergabe der Mittel, bei der Abrechnung der Mittel. Man steht immer in jedem Fall irgendwann mal vor dem Landesrechnungshof, aber hier kann man ja auch mal einen Vertrauensvorschuß den Städten gegenüber verteilen. Ja, zum Schluß noch unser Wunsch, daß die Bundesmittel für Städtebauförderung und städtebaulichen Denkmalschutz erhöht werden von derzeit 600 Mio. DM auf 1,5 Mrd. DM. Dabei schlagen wir vor, 1 Mrd. DM für den Osten, also eine Verdoppelung und 500 Mio. DM für den Westen, also eine Steigerung von jetzt 80 Mio. DM auf 500 Mio. DM. Wir halten das auch für wichtig, jetzt auch an die westlichen Städte zu denken, denn seit 1989 steht hier die Sanierung still, 80 Mio. DM, verteilt auf damals 11 Länder, bedeutet letzten Endes am Beispiel Hessens 8 Mio. DM, das sind verschwindend geringe Prozentsätze, und wenn der Bund so reduziert, haben die Länder natürlich auch keinen Anreiz, ihre Etats hochzuhalten. Wir würden es aber dann gern sehen, wenn die Städtebauförderung wieder im Westen zunimmt auf 500 Mio. DM, das davon ein ganz wesentlicher Teil städtebaulicher Denkmalschutz wäre, denn dieses hat sich hier bewährt. Es ist besser, man führt auch hier das Programm städtebaulicher Denkmalschutz ein, das ja in der Zielsetzung eindeutig ist, wie der Name schon sagt, mit der Verpflichtung Erhaltungsgebiete nach § 172 Baugesetzbuch auszuweisen, ist es ja ganz eindeutig in seiner Zielsetzung. Dann haben wir auch angeregt, noch bei Minister Oswald einen neuen Wettbewerb zu machen, wir hatten ja einen in den östlichen Bundesländern, 1993 glaube ich, und wir meinen, daß man im nächsten Jahrtausend zunächst auf Länderebene und in der zweiten Stufe auf Bundesebene dann für ganz Deutschland einen neuen Wettbewerb etwa mit dem Titel „Denkmalschutz und Städtebau" veranstalten sollte. Als Bestandteil europäischer, nationaler und regionaler Stadtkultur zeichnen sich die Altstädte mit ihren historischen Stadtkernen durch Urbanität, Nutzungsvielfalt und damit verbundener Lebendigkeit aus. Sie verkörpern eine hohe Standortqualität von Wohnen, Einzelhandel, Dienstleistungen und Wissenschaft/Bildung sowie Freizeitgestaltung und Tourismus. Um diese Werte zu bewahren, konnten Dank der Förderprogramme des städtebaulichen Denkmalschutzes und der allgemeinen Städtebauförderung von Bund, Ländern und Gemeinden seit 1990 beeindruckende Leistungen in den östlichen Bundesländern vollbracht werden. Trotz dieser positiven Bilanz, die bei den Bürgern volle Zustimmung findet, ist der Gesamtprozeß der städtebaulichen Erneuerung bei weitem nicht abgeschlossen. Die Gefahren für die historischen Städte sind noch nicht gebannt. Neue Herausforderungen bringen die Globalisierung in der Wirtschaft mit ständigen Zusammenschlüssen zu großen Einheiten, die Factory Outlet Center, die zunehmende Suburbanisierung nach den Handelseinrichtungen jetzt auch im Wohnungsbau und die soziale Entmischung. Wir haben in den östlichen Bundesländern erst ein Drittel der Aufgaben bewältigt, in den westlichen zwei Drittel, dort fehlt also noch ein Drittel. Städte wie Bamberg, Lübeck, Regensburg, Goslar, Quedlinburg, Görlitz, Meißen, Stralsund und Wismar sind Teile des Weltkulturerbes. Unabhängig, ob sie bei dem umständlichen Verfahren der Aufnahme in die UNESCO-Liste bereits erfolgreich waren. Sie bedürfen auf Dauer der Förderung, worauf sich die Deutsche Stiftung Denkmalschutz mit der Einrichtung eines besonderen Fördertitels bereits eingestellt hat.

Vielen Dank!

Festrede

Klaus Hardraht ■ SÄCHSISCHER STAATSMINISTER DES INNERN

Meine sehr geehrten Damen und Herren,

seit nunmehr 25 Jahren besteht die Arbeitsgemeinschaft Historischer Städte. Zu diesem Jubiläum möchte ich Ihnen meine herzlichsten Glückwünsche aussprechen. Zugleich nehme ich das Ereignis gerne zum Anlaß, um über ein Thema zu sprechen, das nicht nur für Sie als „Fachleute", sondern auch für jeden einzelnen Bürger von Interesse ist. Es geht um die historische Stadt und im speziellen um die Frage, ob sie auch die Stadt des 21. Jahrhunderts sein kann. Ich denke, daß dies eine überlegenswerte Frage auch unter dem Gesichtspunkt ist, daß wir uns sozusagen auf der Schwelle zu diesem neuen Jahrhundert befinden.

Lassen Sie mich aber, bevor ich zu dieser Thematik komme, noch einige Worte zur Arbeitsgemeinschaft Historischer Städte, ihrer Entstehung und zu ihrem Wirken sagen. Die Gründung der Arbeitsgemeinschaft im Jahre 1973 fiel in eine Zeit, in der sich in Westdeutschland ein deutlicher Bewußtseinswandel im Bereich des Städtebaus, sprich beim Umgang mit dem „Kulturerbe Stadt", vollzogen hat. Dies gilt nicht nur für sogenannte Fachleute, sondern vor allem auch für die Bevölkerung. Denn im Grunde geht es bei dieser Frage auch und vor allem darum, in welchem Umfeld sich der einzelne Bürger wohlfühlt, welchen Stellenwert er seinem Kulturerbe entgegenbringen will und kann. Sucht man nach den Gründen für den Wandel, stellt man fest, daß sich mit Beendigung des Wiederaufbaus des im Zweiten Weltkrieg zum größten Teil zerstörten Wohnungsbestandes die Prioritäten verschoben haben. Galt es in den ersten beiden Jahren nach Kriegsende, mit den vorhandenen finanziellen Mitteln die Wohnungsnot der Bevölkerung schnellstens zu beseitigen, so konnte man sich nach Abschluß der Aufbauphase stärker auf die Pflege des städtebaulichen Kulturerbes konzentrieren. Ein weiterer nicht zu vernachlässigender Grund war zweifelsohne aber auch, daß man sich zu dieser Zeit wieder stärker zu seinen Traditionen bekannte. Die Gründungsmitglieder der Arbeitsgemeinschaft, die historischen Städte Bamberg, Lübeck und Regensburg, beeinflußten dabei mit ihrer Arbeit in der Stadtsanierung in nicht unbedeutendem Maße die gesamte städtebauliche Pflege von Altstadtkernen in der Bundesrepublik.

Mit der Wiedervereinigung Deutschlands eröffneten sich neue, nicht minder umfangreiche Aufgaben für den Städtebau. In den neuen Ländern stellte sich 1990 die Situation dabei gänzlich anders dar als 1973 in Westdeutschland. Die vorhandene Altbausubstanz befand sich in einem sprichwörtlich desolaten Zustand. Altstädte mit ihren Bürgerhäusern und Villen paßten nicht in die Ideologie des real existierenden sozialistischen Staates. Zudem erlaubte die finanzielle Situation der DDR keine umfassende Instandsetzung und Modernisierung der Altstädte. Der Wohnungsbedarf wurde weitestgehend – mit Ausnahme von Imageprojekten – in Form von Plattenbauten abgedeckt. Eigentümer von Häusern konnten aufgrund des staatlich verordneten niedrigen Mietniveaus die erforderlichen Sanierungsmaßnahmen nicht finanzieren. Man darf im übrigen auch nicht vergessen, daß es größter Anstrengungen bedurfte, um die notwendigen Baumaterialien zu bekommen. Die Folge war, daß die Altstädte verfielen und verödeten. Fast jeder versuchte, in die nach DDR-Verhältnissen komfortablen Plattenbauwohnungen zu ziehen. Freilich hat es von dieser generellen Tendenz aufgrund des persönlichen Engagements einzelne Ausnahmen gegeben; ich denke zum Beispiel an die Städte Torgau und Freiberg.

Auch hier hat die Arbeitsgemeinschaft Historischer Städte ihren Beitrag geleistet, um den Verfall der Altstädte zu stoppen. Bereits unmittelbar nach der Wende trat die Arbeitsgemeinschaft in Kontakt zu Partnerstädten in der „Noch-DDR". 1991 nahm die Arbeitsgemeinschaft die drei Städte Görlitz, Meißen und Stralsund in ihre Reihen auf. Durch ihr Engagement und mit Hilfe der Städtebauförderung erstrahlen heute diese bedeutsamen Altstädte der neuen Länder in weiten Teilen wieder in altem Glanze. An dieser Stelle möchte ich hervorheben, daß die Arbeitsgemeinschaft durch ihre Arbeit das Bewußtsein für und den Stolz auf das städtebauliche Kulturerbe in den neuen Ländern unterstützt hat. Im Ergebnis können wir heute – acht Jahre nach der Wende – in den neuen Ländern beachtliche Erfolge im Städtebau vorweisen. So ist in den ostdeutschen Städten mit Hilfe der Städtebauförderung die Altstadtsanierung schon sehr weit fortgeschritten. Dies gilt – am Rande bemerkt – auch für die Sanierung von Plattenbauten.

Lassen Sie mich aber nun zu meiner Ausgangsfrage, der Frage nach dem Stellenwert der historischen Stadt im 21. Jahrhundert, zurückkehren. Hat die historische Stadt angesichts des kommenden Jahrhunderts eine Chance oder ist sie aufgrund der Anforderungen der weltweiten gesellschaftlichen, wirtschaftlichen und ökologischen Änderungen ein Auslaufmodell?

Nicht nur in Deutschland, sondern weltweit werden gegenwärtig Diskussionen zur „Zukunft der Stadt" geführt. Dies ist auch notwendig; denn die fortschreitende Globalisierung, der damit verbundene wirtschaftliche Strukturwandel, die zukünftige Bevölkerungsentwicklung, die Gefahr einer sozialen Polarisierung in den Städten, die zunehmende Vielfalt der Lebensstile sowie die steigende Sensibilisierung der Bevölkerung bei Umweltfragen – um nur die wichtigsten Problempunkte zu nennen – verlangen im Städtebau nach Lösungen. In der HABITAT II-Konferenz in Istanbul wurde dazu das städtebauliche Credo einer „nachhaltigen Stadtentwicklung" formuliert. Entsprechend der Vielfältigkeit der sich abzeichnenden Probleme muß danach die zukünftige Stadtentwicklung den unterschiedlichsten Anforderungen gerecht werden. Lassen Sie mich, ohne daß ich hier den Anspruch auf Vollständigkeit erhebe, dazu einige Ausführungen machen.

In Europa nähern wir uns immer mehr dem sogenannten nachindustriellen Zeitalter. Dienstleistungen und Handel nehmen in ihrer wirtschaftlichen Bedeutung zu. Heute sind Innovation und Flexibilität entscheidend für den wirtschaftlichen Erfolg. Die Stadtentwicklung muß diesen gewaltigen Strukturwandel bewältigen. Dazu bedarf es einer effektiven und vielseitigen Infrastruktur. Sie muß in die modernen regionalen, landes- und weltweiten Netze und Verflechtungen eingebunden sein und attraktive Rahmenbedingungen für die Ansiedlung von Arbeitsplätzen aufweisen. Auch die „weichen" Standortfaktoren (zum Beispiel Freizeit, Kultur, Sport) dürfen dabei nicht vernachlässigt werden. Hinzu kommt, daß die wirtschaftliche Entwicklung nicht zu Lasten der Umwelt gehen darf. Denn das ökologische Umfeld ist langfristig ebenfalls ein nicht zu unterschätzender Standortfaktor. Dies bedeutet, daß die Stadtentwicklung auf ein gesundes und ausgewogenes Verhältnis zwischen den Erfordernissen der wirtschaftlichen Entwicklung und der Bewahrung der Umwelt ausgerichtet sein muß.

Die Stadt ist – und dies wird in Zukunft so bleiben – auch Wohnort und Lebensmittelpunkt von Menschen. Dies darf bei der Diskussion um das Stadtmodell der Zukunft nicht vergessen werden. Eine Stadt hat nur dann Zukunft, wenn sie sich auch und im besonderen an den Bedürfnissen der Menschen ausrichtet. Sie ist in anderen Worten nur dann lebensfähig, wenn sie für ihre Bewohner auf Dauer attraktiv ist. Dies kann sie nur dann leisten, wenn sie von ihren Bewohnern auch als Heimat und Zuhause empfunden wird. Dazu gehört unbestritten, daß sie die Grundbedürfnisse nach Arbeit und Ausbildung befriedigt sowie Einkaufs- und Freizeitangebote bietet. Wichtig ist aber auch, daß soziale Kontakte entstehen und gepflegt werden können und dem Sicherheitsgefühl der Bewohner ausreichend Rechnung getragen wird. In diesem Zusammenhang muß das Problem der zunehmenden Polarisierung in den Städten gesehen werden. Welche Folgen eine soziale Polarisierung für die Entwicklung einer Stadt haben kann, zeigen sehr anschaulich und drastisch amerikanische Städte. Aufgabe des Städtebaus muß es daher sein, dieser Polarisierung durch sozial ausgleichende und integrierende Regulative entgegenzuwirken. Ein weiterer entscheidender Punkt ist, daß Wohnen und Arbeiten auf eine sowohl für die Wirtschaft als auch für die Stadtbewohner akzeptable Weise organisiert werden. Manche Fehlentwicklung der Gründerzeit, vor allem aber die städtebaulichen Aktivitäten der ehemaligen Ostblockländer, die, ideologisch begründet, die Ideen der Charta von Athen völlig überzogen umsetzten, machen deutlich, daß die funktionell gemischte Stadt dem am ehesten gerecht werden kann.

Neben diesen „praktischen" Anforderungen an die Stadtentwicklung spielen aber auch ideelle und identitätsstiftende Werte eine wesentliche Rolle. So wird beispielsweise ein vereintes Europa mit seiner regionalen Vielfalt noch stärker als bisher zu einer Identifikationssuche der Menschen mit ihrer Heimat und ihrem Kulturkreis führen. Die Städte werden diesen Anspruch der Menschen befriedigen müssen. Das bedeutet, daß sie ein hohes Maß an Kraft und Flexibilität aufzubringen haben, um Tradition und Modernität im Sinne ihrer Bewohner harmonisch in sich zu vereinen. Sie müssen dabei nicht nur ihr kulturelles Erbe bewahren, sondern gleichzeitig offen für neue Entwicklungen sein.

Sieht man sich nunmehr die historische Stadt, ihre Entwicklung, aber auch ihre Potentiale an, so bin ich überzeugt, daß sie diesen Herausforderungen gewachsen ist.

Die historische Stadt hat in ihrer Geschichte vielfältige und teilweise tiefgreifende Veränderungen erlebt, überlebt und schließlich bewältigt. Sie hat damit ihre Wandelbarkeit und Anpassungsfähigkeit überzeugend unter Beweis gestellt. Demgegenüber mußten Experimente mit völlig „neuartigen" Stadtmodellen in der Vergangenheit früher oder später relativiert werden.

Durch eine geordnete Weiterentwicklung der vorhandenen Stadtstrukturen und die Revitalisierung von Brachen, die vor allem in den neuen Ländern in großem Umfang vorhanden sind, haben historische Städte ausreichend Ressourcen für zukünftige wirtschaftliche Entwicklungen. Da auf diese Weise gleichzeitig einer weiteren übermäßigen Zersiedelung des Umlandes vorgebeugt und überdimensionierte Stadterweiterungen der letzten Jahrzehnte längerfristig verträglich in die Stadt integriert, beziehungsweise, soweit erforderlich, rückentwickelt werden können, bietet die historische Stadt auch ökologisch verträgliche Lösungen an. Dies gilt auch insofern, als die historische Stadt europäischer Tradition eine räumlich begrenzte Stadt ist, die weitestgehend im Einklang mit ihrem Umland steht. Sie ist die Stadt der „kurzen Wege" und bietet damit die Voraussetzungen für die Bewältigung der Nahverkehrsprobleme.

Die historische Stadt verfügt insbesondere mit ihren Brachen, minder genutzten Flächen und Leerständen über zahlreiche innerstädtische Reserven, so daß sie auch den künftigen Wohnbedarf ganz überwiegend in ihrem inneren Bereich abdecken kann. Negative soziale beziehungsweise gesellschaftliche Entwicklungen kann sie dämpfen. Denn traditionell ist sie offen für die Aufnahme und Integration neuer und auch fremder Elemente und deshalb weitgehend sozial gemischt. Durch ein hohes Maß an sozialen Kontakten und damit auch an Kontrolle gilt sie zudem als eine – relativ – „sichere" Stadt. Die historischen Stadtstrukturen sind ein Spiegel der regionalen Kulturgeschichte. Städtebauliche und architektonische Charakteristika der historischen Städte können als Qualitätsmaßstab und damit Puffer dienen, um einer uniformen, beliebig austauschbaren Designerarchitektur vorzubeugen. Gleichzeitig bleibt sie auf diese Weise offen für neue Entwicklungen. Von daher kann die historische Stadt, wie schon jetzt, auch in Zukunft das Bedürfnis ihrer Bewohner nach Tradition und Identifikation befriedigen und ihnen damit letztendlich eine Heimat geben.

Daß diese Überlegungen nicht nur Theorie sind, sondern in der Praxis Eingang gefunden haben, möchte ich Ihnen am Beispiel des Städtebaus im Freistaat Sachsen aufzeigen.

Infolge des Zweiten Weltkrieges büßte Sachsen große Teile der historischen Bausubstanz ein. Jedoch konzentrierten sich diese Verluste auf relativ wenige Städte, so daß das Gros der wertvollen Altstädte in der städtebaulichen Struktur und auch weitgehend in der Bausubstanz erhalten geblieben ist.

Sachsen verfügt über ein reiches und vielgestaltiges baukulturelles Erbe. Zahlreiche Altstadtkerne, die ihre entscheidenden Prägungen bereits im frühen Mittelalter (11. und 12. Jahrhundert) erhalten haben, bestimmen das Erscheinungsbild. Diese lange Tradition ist an den beeindruckenden Stadtgrundrissen ablesbar. Mit der Entwicklung der Bergstädte im Erzgebirge um 1500 leistete Sachsen zudem einen eigenständigen Beitrag zur Stadtentwicklung im deutschsprachigen Raum.

Das Bild der sächsischen Städte wird im weiteren durch eine Vielzahl von städtebaulich und architektonisch hochwertigen Stadterweiterungsgebieten des Historismus geprägt. Sachsen war ein wichtiger Ausgangspunkt der industriellen Revolution in Deutschland. Im Chemnitzer Raum entwickelten sich frühzeitig Textilindustrie und Maschinenbau. Der rasante Aufschwung ist an den zahlreichen Wohngebieten der Gründerzeit – auch in vielen Klein- und Mittelstädten – erkennbar. In dieser Zeit wuchsen die bedeutendsten Städte im Grunde auf ihre heutige Größe heran.

Zu Sachsen gehören auch hochwertige Siedlungen der 20er Jahre. Große Plattenbaugebiete, die zahlreich in den 70er und 80er Jahren – sowohl auf der „Grünen Wiese" als auch auf innerstädtischen Freiflächen – errichtet wurden, prägen ebenfalls das Bild Sachsens. Typisch für Sachsen ist zudem eine ausgesprochen intensive Verbundenheit der Menschen mit ihrer Heimat, ihrer Landschaft und insbesondere mit den Zeugnissen ihrer Bautradition. Dies ist die Ausgangsposition, an der die Stadtentwicklung und die städtebauliche Erneuerung im Freistaat Sachsen ansetzt.

Nach der Wende war der Stop des weiteren Verfalls der Bausubstanz die vordringlichste Aufgabe. Gleichzeitig wurden große Anstrengungen unternommen, die heruntergewirtschaftete Bausubstanz in den Innenstädten und den Stadterweiterungsgebieten des Historismus instand zu setzen und zu modernisieren. Trotz der bereits erreichten unübersehbaren Ergebnisse bleibt dies weiter ein Schwerpunkt der städtebaulichen Erneuerung im Freistaat Sachsen. Es gilt, die in der Vergangenheit geschaffenen Gestaltwerte wieder sichtbar werden zu lassen und im Bewußtsein der Gesellschaft noch stärker zu verankern.

Schwerpunkt der Städtebaupolitik in Sachsen ist eine nachhaltige Stadtentwicklung. Dabei stehen Erneuerung und Belebung der Innenstädte im Mittelpunkt. Es gilt, mit der städtebaulichen Erneuerung die baulichen Voraussetzungen für die Stärkung der innerstädtischen Strukturen zu schaffen, die Innenstadt zur „guten Stube" zu machen.

Die sächsischen Innenstädte sind bislang und sollen auch in Zukunft als Standorte des Wohnens und Arbeitens attraktiv bleiben. In ihnen werden daher verstärkt Einkaufsmöglichkeiten, Dienstleistungen, kulturelle und Freizeitangebote geschaffen. Zur Verbesserung der Arbeitsmöglichkeiten werden zudem innenstadtverträgliche Handwerks- und Gewerbebetriebe unterstützt.

Die sächsischen Altstädte stellen ein außergewöhnlich wertvolles kulturelles Gut dar. Sie sind damit ein wesentlicher Träger der sächsischen Identität und dadurch ebenfalls ein wichtiger Faktor bei der Wahl des Wohnortes. Die in ihren städtebaulichen Strukturen erhalten gebliebenen mittelalterlichen Stadtkerne mit ihren zahlreichen Denkmälern sind Imageträger der Städte. Ihre Sanierung ist demzufolge das Kernstück der Innenstadtrevitalisierung. Dabei verfügen die Städte mit dem städtebaulichen Denkmalschutz über ein effektives Instrumentarium zur Sicherung, Erhaltung und behutsamen Erneuerung ihrer wertvollen Altstadtsubstanz.

Weiterentwickelt werden im Freistaat Sachsen auch die umfangreichen Plattenbaugebiete. In ihnen wohnt fast ein Viertel der sächsischen Bevölkerung. Diese Gebiete müssen für die Zukunft fit gemacht werden.

Dazu bedarf es nicht nur der Modernisierung der Wohnungen, sondern es müssen in diesen Gebieten vor allem das Wohnumfeld wie Freiflächen, Spielplätze, Parkmöglichkeiten, das Angebot an sozialen und kulturellen Gemeinbedarfseinrichtungen sowie Läden und Dienstleistungen verbessert werden. Entscheidend für eine erfolgreiche Weiterentwicklung der Plattenbaugebiete ist es auch, daß Arbeitsplätze unmittelbar in diesen Gebieten geschaffen werden. Unter dem Gesichtspunkt einer nachhaltigen städtebaulichen Entwicklung ist es zudem wichtig, daß die Plattenbaugebiete in die Gesamtstadt integriert werden. Kleinere Plattenbaugebiete sind dabei zu attraktiven Wohngebieten zu entwickeln, größere Plattenbaugebiete zu urbanen Stadtteilen.

Die sächsischen Städte sind auch dadurch charakterisiert, daß sie vielfältige und verschiedenartige Möglichkeiten zu einer effektiven (Innen)Stadtentwicklung im Sinne von HABITAT II bieten. Dies ist das entscheidende Pfund, mit dem sie erfolgreich für ihre Zukunft „wuchern" können. Durch die Aktivierung und Umnutzung der zahlreich anfallenden Brachen – Konversionsobjekte, altindustrielle Standorte und Gewerbebetriebe – kann eine hervorragende Entwicklung „im Bestand" betrieben werden, die eine weitere Landinanspruchnahme außerhalb der Städte und damit die Zersiedelung der Landschaft zu reduzieren hilft.

Die vorgenannten umfangreichen Aufgaben, denen sich historische Städte und damit der Städtebau stellt und weiter zu stellen haben, konnten und können erfolgreich bewältigt werden, weil unter anderem der Bund und der Freistaat Sachsen die Kommunen durch die Städtebauförderung unterstützen. Damit stehen ein effektives Instrumentarium sowie umfangreiche Finanzhilfen zur Verfügung. Insgesamt 3,3 Mrd. DM Finanzhilfen sind bisher den sächsischen Städten und Gemeinden bewilligt worden.

Laudatio

Prof. Dr. Georg Mörsch ■ ETH ZÜRICH

Meine sehr geehrten Damen und Herren!

Ich möchte mich herzlich bedanken, zu diesem festlichen Tag, in diese herrliche Stadt und an diesen besonderen Ort eingeladen zu sein, um Ihnen zum Thema dieses Tages etwas zu sagen – nichts Neues, aber mit eigenen Erfahrungen und Worten, so wie auch Sie das Faszinierende und Herausfordernde, das in langer Geschichte Angesammelte und gleichzeitig das Zukunftspotential der Städte, für die Sie einstehen, immer aufs Neue erleben und beschreiben, um es zu verteidigen.

Meine freundlichen Gastgeber haben mir meine Aufgabe freilich nicht leicht gemacht. Zunächst war ich eingeladen, heute vor Ihnen eine Festrede zu halten und hatte mich schon seriös ans Werk gemacht. Der Arbeitsgemeinschaft Historischer Städte wollte ich zu ihrem Erwachsenwerden mit 25 Jahren einen neuen Namen mitbringen, denn nachdem aus der Dreiergemeinschaft Bamberg-Lübeck-Regensburg mit dem berühmten Kurznamen „BaLüRe" jetzt schon seit langem ein Sechserbund geworden ist, steht, so viel ich sehe, ein neuer Name noch aus. Mein Vorschlag hätte, bis zur nächsten Verdoppelung der Mitgliederanzahl z. B. MEIGLÜBARESUND lauten können, aber mitten in meine Vorbereitungen entnahm ich dem gedruckten Programm, daß die Festrede Sache des Sächsischen Ministers des Innern sein sollte und daß die Festrede symmetrisch eingerahmt werden sollte durch zwei Fachvorträge nach Art eines mittelalterlichen Tryptichons, wie sie die Altäre unserer Dome und Pfarrkirchen schmücken: In der Mitte das vergoldete Prunkstück, zu den Seiten die bescheidenen Tafelbilder. Diese Arbeitsverteilung halte ich nicht nur richtig und angemessen, sondern auch für die Ziele der Arbeitsgemeinschaft die fruchtbarste. Denn wenn ein Mitglied der Landesregierung zu unserem Jubiläum bereit ist, die einzige Festrede zu halten – vielleicht über das Vorzimmer des Ministers sich diese Rolle sogar ausbedungen hat – dann ist dies der buchstäblich sprechendste Beweis dafür, daß auch die Bundesländer die Existenz der Arbeitsgemeinschaft Historischer Städte und deren Geburtstag für einen Festanlaß halten – ein Fest weit über den Kreis der beteiligten Städte hinaus, ein länderübergreifendes Fest, ein Fest, das auch über die Bundesrepublik hinaus von Bedeutung ist. Ein Festvortrag von so hoher (frei) staatlicher Ebene unterstreicht die Tatsache, daß unsere Städte im Zentrum gesamtstaatlicher Verantwortung und Zuwendung stehen, eine Verantwortung und Zuwendung freilich, die täglich in konkretes politisches und Verwaltungshandeln umgesetzt werden muß: in Steuer- und Planungsrecht, in Baugenehmigungsrecht und Energieverordnungen, in Förderungsrichtlinien und technische Normen, in Arbeitsplatzpolitik und Kulturförderung, in Jugendpolitik und Stadtteilarbeit, in die Förderung des mittelständischen Handwerks und guter moderner Architektur, in gezielte Wirtschaftsförderung und eine handlungsfähige Denkmalpflege, von der wir im Ausland mit großer Sorge vernehmen, daß gerade sie in Deutschland zu einem völlig unbrauchbaren Sündenbock für wirtschaftliche Engpässe gemacht und „dereguliert" werden soll oder daß dies bereits in zahlreichen westlichen Bundesländern geschehen ist. Alles dies ist mitgemeint, wenn ein Mitglied der Staatsregierung auf diesem Fest den Festvortrag halten will und – wir sind Gäste von selbstbewußten Städten! – und halten darf.

Bleibt die Frage nach dem Inhalt meines Fachvortrags. Er soll ja ebenfalls auf einem Fest gehalten werden, soll ja möglichst kein Loch in Ihrem Vergnügen, sondern Teil davon sein, letzte, mühelose Hürde vor dem Büffet, und so habe ich mich entschlossen, mit Ihnen darüber nachzudenken, warum das, was wir heute begehen, eines Festes würdig ist.

Gleichzeitig freilich scheint mir, daß Inhalt, Intensität und Dauer der Arbeit, an die es heute festlich zu erinnern gilt, zu wichtig sind, als daß man die Gelegenheit versäumen dürfte, auch diesen Festakt zu einem Teil der Stadtverteidigung zu machen, der sich die Arbeitsgemeinschaft seit 25 Jahren verschrieben hat.

Die Arbeitsgemeinschaft Historischer Städte ist eine Verteidigungsgemeinschaft, angetreten, die geschichtliche Stadt gegen Mißbrauch, Zweckentfremdung, Überforderung, einseitige Ausbeutung, Verelendung ihrer Bewohner und schließlich gegen ihren materiellen und geistigen Untergang zu verteidigen. Die Arbeitsgemeinschaft ist in moderner Form eine eigentliche Eidgenossenschaft. Erlauben Sie Ihrem Gast aus Zürich die fachliche Belehrung, daß der Begriff „Eidgenossenschaft" ja keine Erfindung schweizerischer Landleute gegen den Tyrannenhut auf der Stange ist, sondern daß „Eidgenossenschaft" die stadtbürgerliche Verteidigungs- und Interessensgemeinschaft bezeichnet, zu der sich nach der Völkerwanderungszeit überall in Europa Interessengemeinschaften eine neue soziale, rechtliche, ökonomische und künstlerische Gestalt gaben, eine Gestalt, die stets gegen konkurrierende Strukturen, damals z. B. gegen die Willkür feudaler Mächte, gegen interne Tyrannen, gegen die kurzsichtige und kurzfristige Ausbeutung der Ressourcen von Handel und Wandel durchgesetzt und immer wieder verteidigt werden mußte.

Es ist die Erinnerung an die umfassende funktionale und sentimentale Leistungsfähigkeit der historischen Stadt, die in einer Zeit besonderer Stadtgefährdung vor 25 Jahren in das Bewußtsein von der Unersetzlichkeit der historischen europäischen Stadt und in die Bereitschaft zu ihrer Verteidigung umschlug. Von Anfang an hat dabei die „Arbeitsgemeinschaft" klar gemacht, daß sie nicht nur idyllische Bilder von zunächst drei und heute sechs besonders bewunderungswürdigen Städten erhalten wollte. Es war und ist die ganze Stadt mit allen ihren Funktionen, ihren Leistungen und Angeboten für Ihre Bewohner und Besucher, die im Zentrum der Verteidigung standen und von Anfang an sahen die Mitgliederstädte der Arbeitsgemeinschaft ihr Handeln stellvertretend für alle historischen Städte, für ihr geschichtlich gewachsenes Angebot an unsere Gegenwart und Zukunft. Noch vor dem Europäischen Jahr für Denkmalpflege 1975, das in keinem Land Europas so erfolgreich und folgenreich war wie in der damaligen Bundesrepublik fanden sich Bamberg, Lübeck und Regensburg zusammen, um in einem Klima der Stadtgefährdung gemeinsam Strategien zu entwickeln, politischen Einfluß geltend zu machen, interdisziplinäres Stadterhaltungswissen zusammenzuführen und bürgerschaftliches Bewußtsein zur Verteidigung der Stadt zu aktivieren. Damals waren es vor allem die Gefahren des verkehrsgerechten Umbaus der historischen Stadt, der verödenden Entflechtung der städtischen Funktionen und der Flächensanierung, gegen die man anzutreten hatte. Heute sind neue Gefährdungen, vor allem aber mit den historischen Städten der neuen Bundesländer neue Partner dazugekommen. Es ist schön, daß die Zufälligkeiten der alphabetischen Reihenfolge die alten und die neuen Partner der „Arbeitsgemeinschaft" mit schöner Regelmäßigkeit gemischt haben: Bamberg und Görlitz, Lübeck und Meißen, Regensburg und Stralsund – welche Akkumulierung von Städteschönheit, aber auch welche Fülle von Problemen. Diese Probleme und einige Lösungsansätze hier auch nur in Stichworten zu nennen, würde den Rahmen meiner kurzen Bemerkungen sprengen. Von elementarsten sozialen Fragen und Planungsprozessen, von wirtschaftlichen und Nutzungsfragen, von funktionalen Anforderungen und auch Zumutungen an die Stadt bis hin zum Selbstverständnis der Stadtbewohner in ihrer Heimatstadt reicht der Bogen, der in jedem Bereich und in allen Details fachlich kompetent und politisch verträglich bearbeitet werden muß.

Damit kann ich mich hier nicht näher auseinandersetzen. Aber ich möchte mit meiner bescheidenen

Stadterfahrung zu formulieren versuchen, warum diese Arbeit, deren 25jähriges Jubiläum wir heute feiern, so wichtig und verdienstvoll ist. Warum müssen wir nicht nur diese sechs Städte, sondern in ihnen die geschichtliche europäische Stadt mit diesem Engagement verteidigen? Warum wäre es z. B. eine Katastrophe zu glauben, hier würde dem Sonderinteresse einiger gebildeter Schöngeister an einer gepflegten Umgebung, oder etwa gar der Denkmalpflege, etwas zuliebe getan? Machen wir uns klar, daß die historische Stadt, für die wir mit Meißen und Stralsund, Görlitz und Regensburg, Bamberg und Lübeck ähnlich prominente Vertreter benennen, wie Pisa und Prag, Kopenhagen und Krakau, Bern und Brügge, die besondere Antwort Europas ist auf die Aufgabe, viele Menschen so zusammenleben zu lassen, daß sie über lange Zeiträume ernährt und verteidigt werden konnten, daß sie dabei gemeinschaftlich immer neue logistische und technische Probleme lösen konnten. Machen wir uns weiter klar, daß dabei in jahrhundertelangem Versuch und Irrtum extrem anpassungs- und leistungsfähige Stadtstrukturen entstehen konnten, die nicht nur funktionierten, sondern durch gemeinsames Engagement auch kulturell und affektiv so aufgeladen waren, daß im Lebensraum einer solchen Stadt immer wieder und auch heute die ungewöhnliche Liebesbeziehung zwischen Bewohner und seiner Stadt entstand und entsteht, die wir Heimat nennen. Und machen wir uns klar, daß es bis heute regelmäßig die Stadt ist, in deren menschlicher Dichte nicht nur die Notwendigkeiten des Tages befriedigt wurden, nicht nur besondere künstlerische Leistungen ihre Gestalt fanden, sondern auch die Grundfragen des Menschseins formuliert wurden: In der europäischen Stadt sind trotz aller ihrer Unvollkommenheiten und Probleme, ihrer Streitigkeiten und Katastrophen die Grundfragen aufgeworfen, diskutiert und zum Teil doch auch gelöst worden, die uns auch heute über alle Grenzen vereinen: Hier wurde um Freiheit und Gleichheit gekämpft, hier wurden im Kampf um Teilhabe an städtischer Macht und städtischem Erfolg partizipatorische Modelle entwickelt, die wir als den Beginn demokratischer Verfassungen ver-

ehren. Wenn es heute immer noch oder wieder gesellschaftsfähig ist oder wird, das Bild solcher Städte als überholte nostalgische Idylle zu denunzieren, dann sollte man sich klarmachen, daß in den materiellen Strukturen dieser Städte nicht nur ein bisher nicht ausgelotetes Potential an zukünftigen Möglichkeiten vor uns liegt, – auch wenn es manchmal brachliegt wie manche Industriefläche! – , sondern daß unsere historischen Städte den Beweis für eine unerhörte Vielfalt an menschlichen Möglichkeiten erbringen. Der Blick auf die Geschichte der Stadt, auf ihre Katastrophen und Auferstehungen, ihre zielstrebigen Entwicklungen und revolutionären Umbrüche macht frei: Er macht frei von dem mutlosen und törichten Glauben, das Maß unserer Probleme sei einzigartig und er macht frei vom Eindruck, die Dinge, so wie sie heute sind, seien naturgesetzlich so, nicht anders vorstellbar, nicht veränderbar.

In diesem Sinne möchte ich den alten Rechtsgrundsatz „Stadtluft macht frei" aufgreifen, der mittelalterliche Leibeigene in die Stadt lockte, und ihn in Anspruch nehmen zugunsten eines umfassenderen Freiheitsangebotes von „Stadt". Für diesen umfassenden Begriff von Freiheit, den die Stadt in ihrer Geschichte und ihren Zukünften anbietet, scheint die Arbeitsgemeinschaft ein ideales Erkenntnis-, Planungs- und Handlungsinstrument zu sein: Auch wenn die Arbeitsgemeinschaft sich von Anfang an über ihre wenigen Mitglieder hinaus exemplarisch im Einsatz für die historische Stadt insgesamt sah, ist in den hier vereinigten Städten ein so besonderer Reichtum von Stadtgeschichte, Stadterfahrung und Stadterfolg materiell überliefert und entsprechend emotional und wissenschaftlich erfahrbar, daß die kostbaren freiheitlichen Möglichkeiten von Stadt hier in besonderer, beispielhafter Dichte anschaulich werden. Und gerade die auf fast groteske Weise unterschiedlichen Existenzbedingungen unserer sechs Städte in der jüngsten Vergangenheit beweisen in besonderer Deutlichkeit, daß sich „Stadt" immer vor Herausforderungen und Katastrophen unterschiedlichster Art bewähren und retten mußte. Wie sehr auch in unserer global vernetzten Welt

„Stadt" ein existenzieller Aggregatzustand des Menschen geblieben ist, beweisen dabei die Situationen von Stadtverteidigung in Ost und West in den letzten Jahrzehnten, an denen viele von uns ja aktiv teilgenommen haben. Unter den Folgen eines pervertierten Kapitalismus war die Zerstörung der historischen Stadt noch vor der Gefährdung der natürlichen Umwelt der Grund für bürgerliches Aufbegehren und mit der gleichen Logik, nämlich der Verteidigung einer unentbehrlichen sozialen und kulturellen Lebensgrundlage, widerstanden Stadtbürgerschaften der späten DDR der systematischen Verelendung und Vernichtung ihrer historischen Städte, deren vielfältige Lebensräume einem ebenso dogmatischen wie provinziellen Regime zutiefst widerwärtig sein mußten.

In solchen Szenen der Stadtverteidigung erkennen wir das Wesen einer Kultur der Erinnerung an die Überlieferung und die zukünftigen Möglichkeiten der Stadt: Diese Kultur ist nicht nur friedlich und kontemplativ, sondern auch streitbar und aktiv; sie begnügt sich nicht mit Nischen, sondern will die ganze Stadt. Die Stadt, an die sie sich erinnert, ist nicht Vergangenheit, sondern der durch Geschichte reich gewordene moderne Lebensraum. Sie sieht in der Stadt nicht nur das Bild, in keinem Fall Idylle, sondern im Bild die Gestalt und in der überlieferten Gestalt wiederum das lebendige Zeugnis von unendlich vielen Stadterfindungen: Rechtssetzung, Steuersystemen, Einbürgerungsverfahren, Verteidigungsorganisationen mitsamt ihrem baulichen Zubehör, Wasserversorgung, Grundstücksaufteilung, Sozialfürsorge, geistliche Betreuung und natürlich die kulturelle Gestaltung aller dieser Bereiche. Die Gemeinschaft und ihre einzelnen Mitglieder engagierten sich auf lange Zeithorizonte mit erstaunlichen Investitionen an Geld und Zeit in dem Bewußtsein der besonderen Rechtssicherheit der Stadt und in der Hoffnung auf ihre besondere Eignung als Gefäß für solches Engagement. Die heutige Gefahr, daß global players in der Stadt nur den Ort maximalen, kurzfristigen Verdienstes sehen, ist dabei nicht neu und hat viele mittelalterliche fürstliche Stadtgründungen nach wenigen Jahrzehnten ihre Existenz gekostet. Auch heute werden wir mit politischem Willen und planerischen und ökonomischen Mitteln beobachten müssen, wer sich für die Stadt interessiert und für was an der Stadt. Wir werden uns noch kritischer klarmachen müssen, daß auch in Zeiten momentaner städtischer Not der erste fremde Investor in der Regel weder der letzte noch der beste ist. Der Legende nach ließen sich die Bürger meiner Vaterstadt Aachen ihren Dom vom Teufel finanzieren, und es wäre fast der Untergang der ganzen Stadt gewesen, hätten nicht die Aachener Bürger ...doch das ist eine andere Geschichte!

Wenn wir bei der Erinnerung an die historische Stadt nicht nur ein Bild wahrnehmen dürfen, das in einer Zeit von ungeahnter virtueller Bildverfügbarkeit letztlich zu ähnlicher Unverbindlichkeit verführen würde wie der künstliche Stadtentwurf auf dem Computerbildschirm, sondern im Bild den Rahmen, das Abbild und den Ort von konkreter, vielfältiger, jeweils unwiederholbarer und deshalb verantwortungsbeladener Handlung, dann muß die Kultur einer ganzheitlichen Erinnerung, die aus der Geschichte der Stadt nichts ausblenden will, münden in eine Kultur stadterhaltenden Handelns. Machen wir uns dabei einerseits klar, daß „Stadt" das auf vielen Ebenen komplizierteste Produkt des Menschen ist und daß andererseits dieses Produkt heute erst nach unendlichen Prozessen von Versuch und Irrtum vor uns steht. Beileibe nicht vollkommen oder fertig, aber viel zu komplex an sich und auch viel zu kompliziert zu begreifen, als daß in die alte Stadt mit simplen Methoden eingegriffen werden könnte oder aus dem, was wir von ihr wissen, aus ihren Erfahrungen und Fehlern, eine bessere neue extrapoliert werden könnte. Dies zeigt auch die Geschichte der modernen Stadtplanung: Aus der Reaktion auf fehlendes Stadtgrün und mangelnde Hygiene allein läßt sich noch keine neue Stadt erfinden. Aber unsere Überlegungen gelten natürlich auch für die Produkte solcher Stadtplanung: Sie sind noch nicht fertig. In ihnen hat der lange Prozeß von Versuch, Irrtum und Korrektur erst begonnen und wie der Kampf um die Innenstadt von Amsterdam und für das verlassene Hafenviertel von

Hamburg in den letzten Jahrzehnten gewonnen wurde, so glaube ich auch an die Zukunft des Märkischen Viertels und an Berlin-Marzahn. Was ich meine, bedeutet nicht nur Zukunft für Meißen, sondern auch Chance für Hoyerswerda.

So wie der Inhalt die Stadt geformt hat, so müssen wir den Inhalt der Stadt verteidigen, wenn wir ihre Form bewahren und stadtverträglich weiterentwickeln wollen. Wo alte Nutzungen in alten Parzellenstrukturen existieren, wo eine Mischung von Wohnen und Produzieren überlebt hat und sich an heutige umweltverträgliche Normen heranführen läßt, wo eine stadtfähige Bewohnerschaft Engagement und Zuwendung zur Stadt garantiert, auch wenn es kurzfristig leistungsfähigere Steuerzahler – für wie lange?! – gibt, sollte man solche und andere stadterhaltende Funktionen erhalten, stützen und schützen. Beachten wir, daß schon eine eingesparte Buslinie, ein zu kompliziertes Entsorgungssystem, eine quälende Baugenehmigungspraxis, eine ungerechte Gebührenordnung die Stadtzuwendung ihrer Bewohner so strapazieren kann, daß sich Stadtüberdruß einstellt. Denn bedenken wir, daß auch der Stadtbürger heute mit einem virtuellen Angebot überhäuft wird, das ihm die Ersetzbarkeit und die Entbehrlichkeit der Stadt vorgaukelt. Nicht, als ob das Einkaufen über Internet die Stadt als Markt, die abendliche Fortsetzung der Seifenoper im Fernsehen die Stadt als kulturelles Zentrum und die Talk-Show die Stadt als Ort menschlicher Begegnung tatsächlich ersetzen könnte! Aber schon wenn zu viele Stadtbewohner dies glauben und entsprechend mit Stadtverweigerung reagieren, kann dies für die Stadt eine neuartige Katastrophe bedeuten: „Stell' Dir vor, wir erhalten die Stadt und keiner geht hin!" könnte man diese Katastrophe benennen. Es reicht nicht aus, die konkrete materiell überlieferte Stadt als Antimodell zu den Lüsten und Versuchungen der virtuellen Wirklichkeit, die ja schon in den Einkaufsparadiesen auf der grünen Wiese beginnen, dingfest zu machen, sondern wir müssen diese zur Stadt gehörige Konkretheit, Bindung und Unausweichlichkeit als unvergleichliche Gestaltungsfreiheit verstehen, deren Kehrseite freilich Verantwortung ist. Verantwortung aber ist ein Schlüsselbegriff im Gebrauch von Freiheit und im Gebrauch der Stadt.

Diesen Gedanken umzusetzen, bedeutet für alle städtischen und anderen politischen und amtlichen Verantwortungsträger auch, den kompetenten, engagierten, zur Investition von Biographie bereiten Stadtbürger zu hüten wie ihren Augapfel. Denn wenn ich die historische Stadt gepriesen habe, dann nicht als mythisches, unsterbliches Wesen. Städte sind Menschenwerk, großartig, herrlich, beglückend, aber immer auch in Gefahr zum Gegenteil zu werden und natürlich sind sie zerstörbar von innen und außen. Entziehen wir uns der Verantwortung um die historische – nein, jetzt endlich richtig! – um die moderne Stadt von heute mit ihren historischen Erfahrungen und Spuren, nicht durch Beschwörungsformeln, die alte Stadt sei organisch gewachsen, will sagen, dann vergeht sie auch organisch, weil planmäßiges Handeln in ihr nicht möglich sei. Nein! Die Stadt ist kein Pilz! Jeder Quadratmeter Boden wurde vermessen, bezahlt oder zugeteilt. Jeder Dachziegel geformt, gebrannt und jeder Dritte von einer Stadt wie Brügge öffentlich bezuschußt, um die Stadt im 15. Jahrhundert feuersicher zu machen (und sie brannte in der Tat bis heute nie ab). Jeder Stein gibt uns zwar Fragen auf, aber es sind konkrete Fragen nach den Lebensumständen in der Stadt. Warum ist dieser flämische Backstein aus dem Brügge des 15. Jahrhunderts ca. 10mal kleiner als ein romanischer Backstein in der gleichen Stadt? Wo gewann man diesen leuchtend rot brennenden Ton? Wie wurde er so homogen aufbereitet? Welche Wälder fielen, um Millionen davon zu brennen, als Brügge im 14. Jahrhundert eine der Metropolen Europas wurde? Woher kam dieser feine weiße, salzfreie Mörtelsand – hier, an der salzigen Nordseeküste? Wo liegt der Taupunkt in diesem Mauerwerk und wo wird er liegen, wenn wir eine billige, innenliegende Wärmedämmung anbringen? Welche Nutzungsveränderung mit welchen Lasterhöhungen ließ dieses Mauerwerk und die Konstruktion seiner Holzbalkendecken zu und wo überschreiten wir diese Toleranzen? Was verdiente und wie lebte der Bauarbeiter, der diesen Stein satt in weißen Kalkmörtel setzte? Welche städtischen Rechte hatte er? Für wen nahm er Partei, wenn es zu Streitigkeiten kam? Wer bezahlte diesen Stein und wer konnte es sich leisten, ein stattliches Giebelhaus aus solchen Steinen errichten zu lassen? Was machte den Bauherrn sicher bezüglich dieser Investition? Welches Rechtssystem schützte und förderte seinen Besitz? Und heute: Warum fand ich diesen Stein auf einer Schutthalde in Brügge? Mußte er einer modernen Normküche weichen oder ist er Teil eines Totalabbruchs? Haben falsche staatliche Förderungsrichtlinien diesen Abbruch provoziert oder die Fantasielosigkeit eines Sanierungsarchitekten, der nur in einer Aushöhlung eine Umbaumöglichkeit sah? Genug! Fragen von ungleich komplexerer Art stellen uns andere Eigenschaften und Elemente jeder Stadt und machen uns die Unerschöpflichkeit dieser Fragen und der Antworten, die immer auch Verweise auf Zukunftsüberlegungen sind, deutlich.

Erlauben wir deshalb uns und auch schon unseren touristischen Besuchern nicht, unsere historische oder jede andere Stadt nur als Bild wahrzunehmen, Meißen in einer Stunde und Dresden in einem halben Tag. Versuchen wir auch selber, andere Städte wahrzunehmen über ihre Ganzheit, mit ihren Bewohnern und mit deren Glück und ihren Sorgen. Verzichten wir darauf, die alte Stadt als Idylle mißzuverstehen ebenso wie wir ein Kind nicht als Plüschtier ansehen. Wer die Stadt als Idylle sieht, reduziert sie grundsätzlich auf Oberflächliches, wählt dabei aus ihrer Vergangenheit naiv oder ideologisch aus, verweigert sich ihrer ganzen Geschichte und manipuliert ihre Zukunft. Sehen wir die Stadt als kritisches Potential und ihre Geschichte als Beweis für die Leistungsfähigkeit dieses Potentials. Überzeugen Sie sich selbst, daß dieser Verzicht auf die Idylle nicht nur das Erlebnis der historischen Stadt reicher macht, sondern auch unsere reale Hoffnung nährt, daß „Stadt" immer wieder eine Chance hat. Wenn ich oben leichthin von den vielen Auferstehungen der Stadt sprach – und ich bin überzeugt: in der späteren Rückschau wird

man sie auch in unserer Zeit benennen können –, dann wollte ich keine leichtfertige Anleihe beim Osterwunder machen. Nein, die Wiedergewinnung der Stadt ist konkret von Menschen machbar, ist immer wieder gemacht worden und wird gemacht werden. Man kann über die städtische Liegenschaftspolitik das Zusammenbacken mittelalterlicher Parzellen verhindern und es gibt Städte, die tun es. Man kann durch städtisches Recht verhindern, daß die Filetstücke unserer Altstädte von Ortsfremden als Drittwohnsitz gebucht werden und es gibt Städte, die tun es. Man kann Industriebrachen für stadterhaltende Ergänzungsnutzungen einsetzen und es gibt Städte, die tun es. Man kann den Laden an der Ecke, der längst nicht mehr liebevoll, sondern verächtlich Tante Emma-Laden genannt wird, durch sein eigenes Kaufverhalten stützen und es gibt städtische Konsumenten, die tun es. Es gibt die Möglichkeit, in den alten Häusern unserer historischen Städte substanzverträglich beglückende Formen modernen Wohnens zu gestalten und es gibt tausendfach Eigentümer und Bewohner, die tun es. Und gerade, wenn man die alte Stadt mit ihren Brüchen und Widersprüchen liest und liebt, gelingt es auch moderner Architektur, ihren bereichernden, ja notwendigen und helfenden Beitrag, ihren Liebesbeweis für die Stadt zu leisten und es gibt Architekten, die tun es.

Alles das sind nur Mosaiksteine – einverstanden, aber der Verzicht auch nur auf einen einzigen gäbe ein Loch in der Zukunft der Stadt. Das genaue Studium der historischen Stadt zeigt uns aber nicht nur die Anwendung dieser Einzelstrategien in der Geschichte der Stadt, die Bauordnungen und Neubauprogramme, die Finanzhilfen der öffentlichen Hand und stadtentwicklungsfreundliches Steuerrecht u.v.a.m., sondern bieten viel grundsätzlicher auch einen Fundus von Fakten zu dem Thema, wie Städte evolutionär und revolutionär haben verändert werden können. Die Stadtgeschichte zeigt, mit welchen Konstanten und welchen Variablen es zu solchen Prozessen kam, ohne daß die Stadt zerbrach. Die alte Stadt lehrt uns auch in übersetzungsfähigen Beispielen, ob und in welchen räumlichen und zeitlichen

Schritten gänzlich neue Entwicklungen im Konsens mit der Bevölkerung möglich waren oder verweigert wurden. Und gerade die genaue Beobachtung von Ausnahmesituationen in der Geschichte der alten Stadt, also Situationen von Zerstörung und Wiederaufbau, Flucht und Neuansiedlung, Verelendung und gewerblichem Neubeginn, radikalem Wechsel der religiösen oder politischen Systeme zeigen uns in dramatischen Szenarien, wie im Gefäß der historischen Stadt, so unvollkommen, beschädigt, gefährdet es immer war, neue Heimat gebildet wurde.

Hiermit bin ich an den vielleicht schwierigsten Punkt meiner Überlegungen gekommen, dem ich zum Schluß nicht ausweichen will. Wenn ich oben von einer aufgeklärten Kultur der Erinnerung sprach, zu der uns die historische Stadt auf besondere Weise verhelfen kann, dann meinte ich damit ein Menschenrecht und eine Menschenpflicht. Erst über Erinnerung ergibt sich das Bewußtsein von sich selbst, Selbstbewußtsein eben. Das, was wir mit einem schwierigen Wort „Heimat" nennen, gehört im geglückten Fall an vertrautem Ort zu solcher Erinnerung dazu. Aber diese heimatliche Identität, zu der uns auch unser geschichtliches gebautes Erbe verhilft und welche die Denkmalpflege seit 30 Jahren verstärkt als Argument für die Erhaltung dieses Erbes zitiert, ist ein schwieriger und mißbräuchlicher Begriff. Auch die Bildung von Identität muß vom Einzelnen und seinen Gesellschaften ethischer Verantwortung unterzogen werden, sonst stiftet sie nicht Vielfalt unter Gleichwertigen, Unterscheidbarkeit unter Ebenbürtigen, sondern Überheblichkeit unter Ignoranten und Rivalität unter Konkurrenten. Die Identität, die mir die Erinnerung an eine vor Jahrhunderten verlorene oder gewonnene Schlacht gibt, kann ich mißbrauchen für kriegslüsternen Revanchismus oder umformen in friedensbereite Einsicht.

Auch die Identität, die uns unsere historischen Städte in so beglückender Fülle anbieten, muß moralisch bewirtschaftet werden. Die Art und Weise, wie wir diese Städte als Heimat verstehen und sie vor anderen abgrenzen oder mit anderen teilen, entscheidet über unsere Legitimation als Stadtverteidiger, aber auch über den Erfolg dieser Stadtverteidigung. Wenn ich darauf bestand, Stadt nicht als Idylle mißzuverstehen, dann galt dies nicht nur für ihr architektonisches Bild, nicht nur für ihren Gang durch die Weltgeschichte, sondern natürlich auch für ihre gesellschaftlichen Verfassungen. Nie konnte eine erfolgreiche Stadt eine provinzielle eigenbrötlerische Isoliertheit pflegen, immer war die Art ihrer Auseinandersetzung mit dem Neuen, dem Fremden und den Fremden entscheidend für ihren Erfolg und dieser Erfolg stellte sich ein, wenn man dem Fremden Rechtssicherheit und Chancengleichheit einräumte und, wenn dieser auch bereit war, städtische Pflichten mitzutragen, städtisches Heimatrecht.

Auf diesem Gebiet droht unseren Städten Gefahr! Als der Soziologe Alexander Mitscherlich 1965 sein berühmtes Bändchen – er selbst nannte es ein Pamphlet – „Die Unwirtlichkeit unserer Städte" veröffentlichte, haben wir Denkmalpfleger es dankbar immer wieder zitiert, weil er noch vor uns die Zerstörung der Städte durch verkehrsgerechten Umbau, durch Nutzungsentmischung, Flächensanierung und massenhaften, anonymen Neubau anprangerte. Den Kern seiner Anklage haben wir damals überlesen! Wenn er ein bedrohliches „Defizit an affektivem Engagement" für unsere Städte (a.a.O., Die Anstiftung zum Unfrieden) beklagt, dann führt er es zurück auf eine neue Form von Provinzialität als vorderster Ursache für die Unwirtlichkeit unserer Städte und als Grund für die Verweigerung von gemeinschaftlichen Leistungen für die Stadt. Wenn wir für den kompetenten, zum Engagement bereiten Stadtbewohner kämpfen müssen, dann habe ich nicht nur die altangestammten Einwohner, die oft schlecht genug behandelt werden, im Sinn, sondern auch die Fremden in Westeuropa, die wir oft jahrzehntelang in unseren Städten an uns vorbeileben lassen und von denen viele ein hohes Maß an Stadtfähigkeit und Stadtbereitschaft anbieten. Hier werden in vielen Regionen Europas und sicherlich auch in der Schweiz große Fehler gemacht, die uns mit Sicherheit zukünftiges Potential kosten. Meinen Satz „Stellt Euch vor, wir erhalten die Stadt und keiner geht hin" muß ich ergänzen um das Wort „Stellt Euch vor, wir erhalten die Stadt und lassen keinen hinein!" Auch hier bietet uns die Geschichte der Städte, um deren Zukunft wir in Sorge und Hoffnung sind, herausforderndes Anschauungsmaterial.

Und was ist angesichts solcher Nachdenklichkeiten das Festwürdige an diesem Tag? Ganz einfach: Für alle diese Dinge gibt es seit 25 Jahren in diesem Lande eine feste Adresse, deren Arbeit stellvertretend weit über die sechs hier solidarisch verbundenen Städte hinausstrahlt. Eine Arbeitsgemeinschaft von sechs so bedeutenden Städten über einen so langen Zeitraum liefert das, was man in der Schweiz einen „Tatbeweis" nennt: Den Beweis, daß hier nicht esoterische Beschwörungen anstehen, sondern solide, politisch gewichtige Arbeit von optimistischen Realisten.

Ich komme zum Schluß und muß mich fragen: „Was habe ich gemacht". In meinem „Fachvortrag" habe ich Ihnen und mir gezeigt, daß ich nicht im Besitz einer umfassenden Fachkompetenz für die alte Stadt sein kann – ebensowenig wie eine oder einer von Ihnen meine Damen und Herren, und daß dies deshalb auch trotz meiner ernsthaften Vorsätze kaum ein Fachvortrag geworden ist. Aber wenn Ihnen klar geworden ist, daß wir alle Fachleute für die Erhaltung der Stadt sind, wir Bewohnerinnen und Gewerbetreibenden, wir Investoren und Lehrer, wir Verwaltungsbeamten und Politikerinnen, wir Lehrlinge und Schüler, wir fachkundigen Verkäuferinnen und Handwerker, dann wäre ich mit meinem Auftritt zufrieden.

Allerdings hätte ich bestenfalls soviel geleistet, wie jeder von Ihnen es in seiner besonderen Rolle könnte. Ob das genug ist, definieren also Sie! Vorsichtshalber will ich mich tatkräftig dafür entschuldigen, wenn Sie enttäuscht sind, daß ich Ihnen kein fabelhaftes Patentrezept mit nach Meißen gebracht habe. In Europa ist es ja ohnehin üblich, daß der Gast dem Gastgeber ein Geschenk mitbringt. Ich überreiche also dem Herrn Oberbürgermeister von Meißen diesen Stein: Es gibt Millionen von solchen Steinen auch nur in einer einzigen Stadt und trotzdem ist er einzigartig, zumindest seitdem zu seiner Geschichte jetzt auch dieser Abend gehört. Da wo er fehlt, klafft eine kleine oder große Lücke. Tun wir uns ungleich größeren Schaden mit der Gefährdung unserer historischen Städte nicht an!

Autoren

Klaus Hardraht, Jahrgang 1941, Staatsminister des Innern im Freistaat Sachsen.

Gottfried Kiesow, Prof. Dr., Denkmalpfleger, Jahrgang 1931, Vorsitzender der Deutschen Stiftung Denkmalschutz.

Armin Mayr, Dipl.-Geogr., Jahrgang 1962, Studium an der TU-München, ist seit 1992 wissenschaftlicher Mitarbeiter im Amt für Stadtentwicklung der Stadt Regensburg und war zuvor beim Planungsverbund Äußerer Wirtschaftsraum München.

Georg Mörsch, Prof. Dr., Jahrgang 1940, Leiter des Instituts für Denkmalpflege an der Eidgenössischen Technischen Hochschule Zürich (ETH).

Oswald Müller, Dipl.-Ing., Jahrgang 1939, Studium an der Ingenieurschule für Bauwesen Glauchau, ist seit 1990 Amtsleiter der Bauverwaltung und war zuvor Bauingenieur im Wohnungsbaukombinat Görlitz.

Ottmar Strauß, Dipl.-Ing., Architekt, Jahrgang 1950, Studium an der TU-München, ist seit 1992 Baureferent der Stadt Bamberg und war zuvor Stadtbaurat der Stadt Nördlingen.

Jörg-Peter Thoms, Dipl.-Ing., Jahrgang 1945, Studium an der Ingenieurschule für Maschinenbau Görlitz, ist seit 1990 Beigeordneter für Bau und war zuvor Leiter der Wirtschaftsförderung in der Stadtverwaltung Görlitz.

Steffen Wackwitz, Dipl.-Ing., Jahrgang 1962, Studium an der Ingenieur-Hochschule für Bauwesen, Cottbus, ist seit 1990 Amtsleiter Bauverwaltung in Meißen und war zuvor Bauingenieur in der Bauhütte des katholischen Bistums Dresden/Meissen.

Volker Zahn, Dr.-Ing., Stadtplaner, Jahrgang 1949, Studium an der FH-Lübeck und an der TU-Stuttgart, ist seit 1991 Bausenator in der Hansestadt Lübeck und war zuvor Leiter des Lübecker Stadtplanungsamtes.

Carsten Zillich, Dipl.-Ing., Architekt und Stadtplaner, Jahrgang 1937, Studium an der FH Eckernförde und an der TU Braunschweig, ist Leiter der Abteilung Planung (seit 1991) und Denkmalpflege (seit 1997) in der Hansestadt Stralsund und war zuvor Stadtplanungsamtsleiter in Oldenburg/Oldb.

Weitere Veröffentlichungen

1974   Zur Erhaltung und Erneuerung alter Städte
Überlegungen am Beispiel Bamberg, Lübeck, Regensburg
Herausgeber: Arbeitsgemeinschaft Bamberg Lübeck Regensburg

1975   Das kennen Sie...
Dokumentation der Arbeitsgemeinschaft Bamberg Lübeck Regensburg
Herausgeber: Arbeitsgemeinschaft Bamberg Lübeck Regensburg

1975   3 Beispielstädte Bamberg Lübeck Regensburg
Europäisches Denkmalschutzjahr 1975
Herausgeber: Deutsches Nationalkomitee für das Europäische Denkmalschutzjahr
in Zusammenarbeit mit Arbeitsgemeinschaft Bamberg Lübeck Regensburg
Verlag: Bertelsmann Fachzeitschriften GmbH, Berlin; Berlin 1975

1981   Erfahrungen mit Stadterhaltung und Stadterneuerung in historischen Städten
Zehn Jahre Städtebauförderungsgesetz (StBauFG)
Herausgeber: Arbeitsgemeinschaft Bamberg Lübeck Regensburg

1983   10 Jahre Arbeitsgemeinschaft Bamberg Lübeck Regensburg
Herausgeber: Arbeitsgemeinschaft Bamberg Lübeck Regensburg

1985   Dokumentation über Auswirkungen der Änderung des Einkommensteuergesetzes
Herausgeber: Arbeitsgemeinschaft Bamberg Lübeck Regensburg

1988   Grundsätzliches zur Altstadtsanierung
Erkenntnisse, Aufgaben, Ziele
Herausgeber: Arbeitsgemeinschaft Bamberg Lübeck Regensburg

1990   Neues Bauen in alten Städten
Wettbewerbsdokumentation
Herausgeber: Arbeitsgemeinschaft Bamberg Lübeck Regensburg

1991   Neues Bauen in alten Städten
Wettbewerbsdokumentation
Herausgeber: Arbeitsgemeinschaft Bamberg Lübeck Regensburg

1991   Arbeitsgemeinschaft historischer Städte
Bamberg, Görlitz, Lübeck, Meißen, Regensburg, Stralsund
Herausgeber: Arbeitsgemeinschaft Historischer Städte

1992   Görlitz, Meißen, Stralsund
Leitziele und Maßnahmen zur Stadtentwicklung und Stadterneuerung
Herausgeber: Arbeitsgemeinschaft Historischer Städte

1993   20 Jahre Arbeitsgemeinschaft Bamberg Lübeck Regensburg -
Arbeitsgemeinschaft historischer Städte 1973-1993
Herausgeber: Arbeitsgemeinschaft Historischer Städte

1996   Die historischen Städte auf dem Jahrhundertweg
Aufgabe und Herausforderung
Herausgeber: Arbeitsgemeinschaft Historischer Städte